教師教育テキストシリーズ　5

第二版
教育社会学

久冨 善之・長谷川 裕　編

学文社

■執筆者■

三輪　定宣	千葉大学（名誉教授）	[序]
＊久冨　善之	一橋大学（名誉教授）	[序章, 第1, 10章]
本田　伊克	宮城教育大学	[第2章]
＊長谷川　裕	琉球大学	[第3, 5, 9章]
福島　裕敏	弘前大学	[第4章]
上間　陽子	琉球大学	[第5章]
松田　洋介	大東文化大学	[第6章]
山田　哲也	一橋大学	[第7章]
小澤　浩明	東洋大学	[第8章]

(執筆順／＊印は第5巻編者)

まえがき

　「教育社会学」は，20世紀の初頭にようやく産声をあげた学問です。遅れて登場した学問によく見られるように，この学問もまた「それまでの教育研究のあり方を批判して，自己の学問的アイデンティティを確立しようとする」という傾向を色濃く持ちました。それまでその分野で価値ありとされてきたことがらに対して，それらを「社会的に相対化する」(つまり，それらを社会的文脈の中に置くことで，その価値が特別のものではない，という新しい意味づけを与える)という指向をもったのです。

　この「文化価値の社会学的相対化」という指向は，本質的には今日も変わらない，この学問のアイデンティティだと思います。そこに，教育諸研究の中で，「教育社会学」がやや毛色が変わって見える点があり，また他にはない魅力的な分析視角とその成果もあります。

　しかし教育社会学は，ただ教育事象という研究対象に，社会学という研究方法を適用した，というような単純な歴史を歩んではきませんでした。その間に社会学じしんが次々と発展・展開して，理論・方法の多様化が見られます。また，研究対象領域は単なる対象にとどまることはできず，理論・方法に反作用してそれを制約します。つまり，教育事象が社会の中で現実にもっている社会性や実践性・価値性，それら教育特有の性質は，教育社会学の(社会学一般に解消されない)理論・方法の独特の性格を規定し，発展させました。

　そのような回路を通しながら，教育研究の変り種としてのこの学問は，今日の教育研究世界に意味ある学問として確立してきました。「教師教育テキストシリーズ」の中の1冊である本書は，教育社会学の上のような学問性格が教職にとってどのような意味があるのかをとりわけ意識して，記述するように努めました。また特に「序章-2」ではその点を，教師たちが今日直面する状況に即して，やや詳しく述べました。本書の序章と1～10章の内容を通じて，そ

のような意味が伝われば幸いです。

2008年5月

第5巻編者　久冨　善之
　　　　　　長谷川　裕

第二版によせて

　本書初版発行後10年を過ぎ，教育に関わる現実にも論議にも，さまざまな変化がありました。第二版発行に当たり，当初は，それらの変化を踏まえつつも必要最小限の加筆修正を施すのにとどめるつもりでした。しかし，執筆を開始してみるとその変化はやはり小さくないことに改めて気づかされ，それを反映させるために結果的にかなり大幅に手を入れることになった箇所も少なからずあります。その一方で，教育をめぐる今日的な現実と論議を掴むうえでの前提・土台となる記述であると判断し，ほとんど変更を施さなかった箇所もあります。そのように作成された本書第二版は，教育の現実と論議の今日的状況と原理的なものとの両方をカヴァーした内容となっていると思います。

　また，これは初版時から言えることなのですが，本書は，「教師教育テキストシリーズ」の中の1冊であるにふさわしく，教育についての社会学的な知識や考え方の基礎的なところをおさえることにもちろん留意しましたが，その一方で，それら基礎的な知識・考え方を踏まえながらも，各筆者の独自の見解を率直に押し出したものとなっている面もあります。それは，通常のテキストではあまり見られない本書の特徴であると言えるかもしれません。本書の叙述を，読者が教育をめぐる自分自身の見解をつくり上げる際に批判的に対峙するターゲットとして扱っていただけたら，私たちとしては大変ありがたいです。

2019年1月

編　者

目　次

　　まえがき　1

序　教師と教育学 ──────────────────────── 7

序　章　教職と教育社会学
　　　　──子育て・教育・教師に社会学的にアプローチする意味 ──── 15

　　はじめに──変化の時代にこそ教育社会学は求められる　15
　　1　「教育の社会性」とは　15
　　2　子育て・教育への教育社会学のアプローチ──教師にとっての意味　20

第1章　学校という制度と時間・空間
　　　　──その性格と文化にアプローチする ──────────── 24

　　1　近代学校という制度の形成・定着とそれへの社会的期待　24
　　2　学校制度がもつ諸秩序とその性格　27
　　3　学校制度がもつ「かくれたカリキュラム」　30
　　4　学校文化というものの存在　33
　　5　学校制度とその秩序・文化は，普遍的意味と恣意性との統一体　36

第2章　学校で「教える」とは，どのようなことか ─────────── 41

　　1　「学校知識」から「教える」ことの課題と困難に迫る　41
　　2　教える内容はいかにして形づくられるか　43
　　3　「資質・能力」へのシフトは日本の学校知識の性格を転換したか　49
　　4　教育成果の可視化がもたらす学校知識の二重性　53
　　5　学校知識改革の展望　55

第3章　教師と生徒の関係とは，どのようなものか ——————58

 1　学校の「荒れ」に「教師−生徒関係」という視角から迫る　58

 2　教育活動の前提としての教師−生徒関係　59

 3　教師−生徒関係の成立の原理的困難　61

 4　教師−生徒関係成立の原理的困難はどのように補償されてきたか　66

 5　「荒れ」はどのようにとらえられるか　70

第4章　学校教師とはどのような存在か ——————75

 1　教師と教員　75

 2　学校教師のかかえる困難　76

 3　教員文化　79

 4　「献身的教師像」による乗り切りとその機能不全　81

 5　教育改革時代における教員文化　85

 6　教員文化の「組み替え」に向けて　89

第5章　若者は今をどのように生きているか
  ——若者の友人関係分析の視点から ——————93

 1　若者の友人関係——「キャラ」で乗り切る手法の常態化　93

 2　今日の若者の友人関係の実態　94

 3　若者の同世代関係の諸類型とその発生・交代・分岐　99

 4　若者のおかれている位置　107

第6章　〈移行〉の教育社会学
  ——教育システムの機能と様態 —————— 110

 1　〈移行〉の危機に直面する若者たち　110

 2　近代社会における教育システム　111

 3　教育システムの相対的自律性　114

4　戦後社会における〈移行〉の制度化過程　118
　　5　社会変動のなかの〈移行〉システム　123

第7章　子育て・教育をめぐる社会空間・
　　　　エージェントの歴史的変容と今日・未来 ―――――― 128

　　1　子育てと教育は誰によって担われてきたのか　128
　　2　近代家族とその教育戦略にみられる特徴　128
　　3　学校の「黄金時代」の到来と退潮
　　　　――経済社会の変動が家族-学校関係に与えた影響　134
　　4　社会化エージェントの多元化と脱領域化　137
　　5　子育てと教育をめぐる新しい公共性の構築をめざして　141

第8章　学校の階級・階層性と格差社会
　　　　――再生産の社会学 ――――――――――――――― 145

　　1　格差社会にみる学校と社会階級・階層問題　145
　　2　「教育と社会階級・階層」研究の歴史
　　　　――補償教育政策から文化的再生産論へ　148
　　3　日本型大衆社会の再収縮と
　　　　学校の階級・階層性――学校の排除作用　152
　　4　学校は，社会階級・階層的不平等の
　　　　「抑制」のために何ができるのか　157

第9章　国民国家・ナショナリズムと教育・学校
　　　　――その原理的考察 ――――――――――――――― 163

　　1　「国旗」「国歌」と教育・学校
　　　　――「国民国家・ナショナリズムと教育・学校」問題への導入として　163
　　2　国民国家・ナショナリズム　164
　　3　国民国家・ナショナリズムの生成と教育・学校　167
　　4　教育・学校による国民化――その具体的諸相　172

5　グローバル化時代における
　　　　国民国家・ナショナリズムと教育・学校　175

第10章　教育改革時代の学校と教師の社会学 ──────── 180

　　1　「教育改革」時代の到来　180
　　2　学校・教師の「正統性」低下，信頼回復への期待と課題　181
　　3　学校制度「改革」の焦点　184
　　4　教員制度・教師教育「改革」の展開　188
　　5　「教育改革」の帰趨をめぐる社会学的考察　193

索　引　197

序　教師と教育学

1　本シリーズの特徴

　この「教師教育テキストシリーズ」は，教師に必要とされる教職教養・教育学の基本知識を確実に理解することを主眼に，大学の教職課程のテキストとして刊行される。

　編集の基調は，教師教育学（研究）を基礎に，各分野の教育学（教育諸科学）の蓄積・成果を教師教育（養成・採用・研修等）のテキストに生かそうとしたことである。その方針のもとに，各巻の編集責任者が，教育学各分野と教師・教職との関係を論じた論稿を執筆し，また，読者の立場から，全巻を通じて次のような観点を考慮した。

① 教育学テキストとして必要な基本的・体系的知識が修得できる。
② 教育諸科学の研究成果が踏まえられ，その研究関心に応える。
③ 教職の責任・困難・複雑さに応え，専門職性の確立に寄与する。
④ 教職，教育実践にとっての教育学の重要性，有用性が理解できる。
⑤ 事例，トピック，問題など，具体的な実践や事実が述べられる。
⑥ 教育における人間像，人間性・人格の考察を深める。
⑦ 子どもの理解・権利保障，子どもとの関係づくりに役立つ。
⑧ 教職員どうしや保護者・住民などとの連帯・協働・協同が促される。
⑨ 教育実践・研究・改革への意欲，能力が高まる。
⑩ 教育を広い視野（教育と教育条件・制度・政策，地域，社会，国家，世界，人類的課題，歴史，社会や生涯にわたる学習，などとの関係）から考える。

教育学研究の成果を，教師の実践的指導やその力量形成，教職活動全体にど

う生かすかは、教育学界と教育現場の重要な共同の課題であり、本シリーズは、その試みである。企画の性格上、教育諸学会に属する日本教師教育学会会員が多数、執筆しており、将来、医学界で医学教育マニュアル作成や教材開発も手がける日本医学教育学会に類する活動が同学会・会員に期待されよう。

2 教職の専門職制の確立と教育学

　近代以降、学校制度の発達にともない、教師の職業が公的に成立し、専門的資格・免許が必要とされ、公教育の拡大とともに養成期間の長期化・高学歴化がすすみ、近年、「学問の自由」と一体的に教職の「専門職」制の確立が国際的趨勢となっている（1966年、ILO・ユネスコ「教師の地位に関する勧告」6、61項）。その基調のもとに教師の専門性、専門的力量の向上がめざされている。

　すなわち、「教育を受ける権利」（教育への権利）（日本国憲法第26条、国際人権A規約第13条（1966年））の実現、「個人の尊厳」に基づく「人格の完成」（教育基本法前文・第1条、前掲規約第13条）、「人格の全面的発達」（前掲勧告3項）、「子どもの人格、才能並びに精神的及び身体的な能力をその可能な最大限度まで発達させる」（1989年、子どもの権利条第29条）など、国民全体の奉仕者である教師の重要かつ困難な使命、職責が、教職の専門職制、専門的力量の向上、その学問的基礎の確立を必要としているといえよう。とりわけ、「真理を希求する人間の育成を期する」教育において、真理の探究をめざす「学問の自由」の尊重が根幹とされている（教育基本法前文、第2条）。

　今日、21世紀の「知識基盤社会」の展望のもとで、平和・人権・環境・持続的開発などの人類的課題の解決を担う民主的市民の形成のため、生涯学習の一環として、高等教育の機会均等が重視され（1998年、ユネスコ「21世紀に向けた高等教育世界宣言」）、各国で「教育最優先」が強調されている。その趨勢のもとで各国の教育改革では教職・学校・自治体の自治と責任が増大し、教師は、教育改革の鍵となる人（key actor）として、学校外でも地域社会の教育活動の調整者（co-ordinator）、地域社会の変革の代行者（agent）などの役割が期待されている（1996年、ユネスコ「教師の地位と役割に関する勧告」宣言、前文）。そのよ

うな現代の教職に「ふさわしい学問的・専門的能力を備えた教師を養成し，最も適格の青年を教職に惹きつけるため，教師の教育者のための知的挑戦プログラムの開発・提供」が勧告されている（同1・3・5項）。その課題として，教員養成カリキュラム・授業の改革，年限延長，大学院進学・修学の促進などを基本とする教師の学問的能力の向上方策が重要になろう。

　教職の基礎となる学問の分野は，通常，一般教養，教科の専門教養，教育に関する教職教養に大別され，それらに対応し，大学の教員養成課程では，一般教養科目，専門教育科目，教職科目に区分される。そのうち，教職の専門職制の確立には教職教養，教育学が基礎となるが，各領域について広い学問的知識，学問愛好の精神，真理探究の研究能力，批判的・創造的・共同的思考などの学問的能力が必要とされる。

　教育学とは，教育に関する学問，教育諸科学の総称であり，教育の実践や事実の研究，教育的価値・条理・法則の探究などを課題とし，その成果や方法は，教育の実践や事実の考察の土台，手段として有効に生かすことができる。今日，それは総合的な「教育学」のほか，個別の教育学（〇〇教育学）に専門分化し多彩に発展し，教職教養の学問的ベースは豊富に蓄積されている。教育研究者は，通常，そのいずれかに立脚して研究活動を行い，その成果の発表，討論，共同・学際的研究，情報交換，交流などの促進のため学会・研究会等が組織されている。現場教師もそこに参加しており，今後，いっそうすすむであろう。教職科目では，教育学の成果を基礎に，教職に焦点化し，教師の資質能力の向上や教職活動との関係が主に論じられる。

　以下，教職教養の基盤である教育学の分野とそれに対応する学会例（全国規模）を挙げ，本シリーズ各巻名を付記する。教職教養のあり方や教育学の分野区分は，「教師と教育学」の重要テーマであるが，ここでは概観にとどめる。

　A．一般的分野
　① 教職の意義・役割＝日本教師教育学会【第2巻・教職論】
　② 教育の本質や理念・目標＝日本教育学会，日本教育哲学会【第1巻・教育学概論】

③ 教育の歴史や思想＝教育史学会，日本教育史学会，西洋教育史学会，教育思想史学会【第3巻・教育史】
④ 発達と学習＝日本教育心理学会，日本発達心理学会【第4巻・教育心理学】
⑤ 教育と社会＝日本教育社会学会，日本社会教育学会，日本生涯学習学会，日本公民館学会，日本図書館学会，全日本博物館学会【第5巻・教育社会学，第6巻・社会教育】
⑥ 教育と行財政・法・制度・政策＝日本教育行政学会，日本教育法学会，日本教育制度学会，日本教育政策学会，日本比較教育学会【第7巻・教育の法と制度】
⑦ 教育と経営＝日本教育経営学会【第8巻・学校経営】
⑧ 教育課程＝日本カリキュラム学会【第9巻・教育課程】
⑨ 教育方法・技術＝日本教育方法学会，日本教育技術学会，日本教育実践学会，日本協同教育学会，教育目標・評価学会，日本教育工学会，日本教育情報学会【第10巻・教育の方法・技術】
⑩ 教科教育法＝日本教科教育学会，各教科別教育学会
⑪ 道徳教育＝日本道徳教育学会，日本道徳教育方法学会【第11巻・道徳教育】
⑫ 教科外活動＝日本特別活動学会【第12巻・特別活動】
⑬ 生活指導＝日本生活指導学会【第13巻・生活指導】
⑭ 教育相談＝日本教育相談学会，日本学校教育相談学会，日本学校心理学会【第14巻・教育相談】
⑮ 進路指導＝日本キャリア教育学会(旧進路指導学会)，日本キャリアデザイン学会
⑯ 教育実習，教職関連活動＝日本教師教育学会【第15巻・教育実習】

B. 個別的分野 (例)
① 国際教育＝日本国際教育学会，日本国際理解教育学会
② 障害児教育＝日本特別支援教育学会

③ 保育・乳幼児教育＝日本保育学会，日本乳幼児教育学会，日本国際幼児学会
④ 高校教育＝日本高校教育学会
⑤ 高等教育＝日本高等教育学会，大学教育学会
⑥ 健康教育＝日本健康教育学会

　人間は「教育的動物」，「教育が人間をつくる」などといわれるように，教育は，人間の発達，人間社会の基本的いとなみとして，人類の歴史とともに存続してきた。それを理論的考察の対象とする教育学のルーツは，紀元前の教育論に遡ることができるが，学問としての成立を著者・著作にみると，近代科学革命を背景とするコメニウス『大教授学』(1657年) 以降であり，その後のルソー『エミール』(1762年)，ペスタロッチ『ゲルトルート児童教育法』(1801年)，ヘルバルト『一般教育学』(1806年)，デューイ『学校と社会』(1899年)，デュルケム『教育と社会学』(1922年) などは，とりわけ各国に大きな影響を与えた。

　日本では，明治維新の文明開化，近代的な学校制度を定めた「学制」(1872年) を契機に西洋の教育学が移入されたが，戦前，教育と学問の峻別や国家統制のもとでその発展が阻害された。戦後，1945年以降，憲法の「学問の自由」(第23条)，「教育を受ける権利」(第26条) の保障のもとで，教育学の各分野が飛躍的に発展し，教職科目・教養の基盤を形成している。

③ 教員免許制度と教育学

　現行教員免許制度は，教育職員免許法 (1949年) に規定され，教員免許状授与の基準は，国が同法に定め，それに基づき大学が教員養成 (カリキュラム編成とそれに基づく授業) を行い，都道府県が免許状を授与する。同法は，「この法律は，教育職員の免許に関する基準を定め，教職員の資質の保持と向上を図ることを目的とする」(第1条) と規定している。

　その立法者意思は，学問の修得を基礎とする教職の専門職制の確立であり，現行制度を貫く基本原理となっている。たとえば，当時の文部省教職員養成課長として同法案の作成に当たった玖村敏雄は，その著書で次のように述べてい

る。

　「専門職としての医師がこの医学を修めなければならないように，教育という仕事のために教育に関係ある学問が十分に発達し，この学問的基礎に立って人間の育成という重要な仕事にたずさわる専門職がなければならない。人命が尊いから医師の職業が専門職になって来た。人間の育成ということもそれに劣らず貴い仕事であるから教員も専門職とならなければならない。」「免許状」制は「専門職制の確立」をめざすものである（『教育職員免許法同法施行法解説』学芸図書，1949 年 6 月）。

　「大学において一般教養，専門教養及び教職教養の一定単位を履修したものでなければ教職員たるの免許状を与えないが，特に教育を専門職たらしめるものは教職教養である。」（「教職論」『教育科学』同学社，1949 年 8 月）。

　現行（2016 年改正）の教育職員免許法（5 条別表第一）は，免許授与基準として，所要資格である「大学において修得することを必要とする最低単位数」を「教科及び教職に関する科目」について定めている。単位数は，免許状の種類（普通免許状の場合，教諭，特別支援学校教諭，養護教諭，栄養教諭の各専修免許状，一種免許状，二種免許状）により異なり，教諭一種免許状では幼稚園 51 単位，小学校，中学校，高校は各 59 単位である。

　同法施行規則は，各科目の修得方法を規定（2〜7 条）し，「教科及び教職に関する科目」の場合，各欄に区分する科目，「各科目に含めることが必要な事項」，単位数が一覧表に掲示されている。教諭，養護教諭，栄養教諭の各一種免許状では次の通りである（特別支援学校教諭については 7 条に別途規定）。

○第二欄「教科及び教科の指導法に関する科目」（幼稚園教諭は「領域及び保育内容」，養護教諭は「養護」，栄養教諭は「栄養」の各指導法に関する科目）

　「教科に関する専門的事項」，「各教科の指導法（情報機器及び教材の活用を含む。）」

　単位数＝幼稚園 16 単位，小学校 30 単位，中学校 28 単位，高校 24 単位

○第三欄「教育の基礎的理解に関する科目」

　「教育の理念並びに教育に関する歴史及び思想」，「教職の意義及び教員の役割・職務内容（チーム学校運営への対応を含む。）」，「教育に関する社会的，制度的

又は経営的事項(学校と地域との連携及び学校安全への対応を含む。)」、「幼児、児童及び生徒の心身の発達及び学習の過程」、「特別の支援を必要とする幼児、児童及び生徒に対する理解」、「教育課程の意義及び編成の方法(カリキュラム・マネジメントを含む。)」

　単位数＝幼稚園10単位，小学校10単位，中学校10単位，高校10単位
○第四欄「道徳，総合的な学習の時間等の指導法及び生徒指導，教育相談等に関する科目」

　「道徳の理論及び指導法」，「総合的な学習の時間の指導法」，「特別活動の指導法」，「教育の方法及び技術(情報機器及び教材の活用を含む。)」，「生徒指導の理論及び方法」，「教育相談(カウンセリングに関する基礎的な知識を含む。)の理論及び方法」，「進路指導及びキャリア教育の理論及び方法」

　単位数＝幼稚園4単位，小学校10単位，中学校10単位，高校8単位
○第五欄「教育実践に関する科目」

　「教育実習」，「教職実践演習」

　単位数＝「教育実習」；幼稚園5単位，小学校5単位，中学校5単位，高校3単位

　　　　　「教職実践演習」；幼稚園2単位，小学校2単位，中学校2単位，高校2単位
○第六欄「大学が独自に設定する科目」

　単位数＝幼稚園14単位，小学校2単位，中学校4単位，高校12単位

　現行法は，1988年改正以来，各教職科目に相当する教育学の学問分野を規定していないが，欄ごとの「各科目に含めることが必要な事項」に内容が示され，教育学の各分野(教育諸科学)との関連が想定されている。

　1988年改正以前は，それが法令(施行規則)に規定されていた。すなわち，1949年制定時は，必修科目として，教育心理学，児童心理学(又は青年心理学)，教育原理(教育課程，教育方法・指導を含む)，教育実習，それ「以外」の科目として，教育哲学，教育史，教育社会学，教育行政学，教育統計学，図書館学，「その他大学の適宜加える教職に関する専門科目」，1954年改正では，必修科

目として，同前科目のほか，教材研究，教科教育法が加わり，それ「以外」に前掲科目に加え，教育関係法規，教育財政学，教育評価，教科心理学，学校教育の指導及び管理，学校保健，学校建築，社会教育，視聴覚教育，職業指導，1959年改正で必修科目として，前掲のほか道徳教育の研究が，それぞれ規定されていた。各時期の教職科目と教育学各分野との法的な関連を確かめることができよう。

　教員養成・免許の基準設定やその内容・程度の法定は，重要な研究テーマである。その視点として，教職の役割との関連，教職の専門職制の志向，教育に関する学問の発展との対応，「大学における教員養成」の責任・目的意識・自主性や「学問の自由」の尊重，条件整備などが重要であり，時代の進展に応じて改善されなければならない。

教師教育テキストシリーズ編集代表
三輪　定宣

序　章　教職と教育社会学
——子育て・教育・教師に社会学的にアプローチする意味

はじめに——変化の時代にこそ教育社会学は求められる

　教育社会学は端的にいえば，「〈教育の社会性〉を社会学的に解明する」学問である。教師の仕事にとって「社会学」・「教育社会学」という名前がついた分野などは必要性が低い，と思う人がいるかもしれない。

　しかしいまの日本は急激な社会変動のなかで，子育て・教育にかつてなかったほどの困難が重なり，教師の仕事のあり方が変化・再編を迫られている時代である。そういうときに，教育ということがらや教師という存在・教える仕事が社会的文脈のなかにあること，学校・教室の内側にも社会のあり方が浸透していること，そのような社会的関係の実際についての視野を十分にもたないということは，子ども・父母・教師たちが生きている世界（したがって自分の足元が立っている土台）に眼を閉ざしているのに等しいのではないだろうか。それは，眼を閉じて横断歩道を渡るくらい無謀な試みにも思える。

　実際戦後日本の改革期は教師の仕事の大きな再編期でもあって，「教育社会学」は教職科目の1つとして組み入れられた。現在でも選択必修科目となっているが，いまの日本は戦後改革期に劣らないほどの（ある面ではそれ以上に本格的な）教育制度・教師教育の「改革」と見直しとが進む時代である。教育社会学が，いまの時代に教える仕事と教師教育とが求めている学問視角であること，それが本書の全体を通じて伝われば幸いである。

1　「教育の社会性」とは

　教育社会学が「〈教育の社会性〉の社会学的解明」というとき，そこで「社

会性」という抽象的な表現で示された教育の性格は，どのようなことなのか。それは本書全体で示されることだが，はじめに2点だけふれておきたい。

「ホモサピエンス」は，生誕後の教育・学習を通して人間になる

　教育ということがらが本質的に「社会性」をもっているのは，1つには現生人類（ホモサピエンス）のこの地球上での生き方がはらむ特徴である。もちろん，群れをなして生息し，そこに集団・社会らしきものを見いだせる動物種は多い。しかし「人間は教育を通してのみ人間となる」（カント）といわれるように，生誕後の学習・教育が「その動物種らしさを獲得するのに特別に重要である」ような例は，人間以外にない。地球上の生物進化の歩みのなかで，チンパンジーの系統とヒトの系統が枝分かれしたといわれる約700万年前からも，「旧人」・「原人」の時代はずっと，その生活様式（それが文化である）が変化する過程と，有機体として遺伝的に進化する過程とは，互いに相即的に進行した。それが「新人（ホモサピエンス）」にいたって，文化と遺伝と両過程の変化に乖離が生まれ，遺伝的進化は大幅減速ないし停止して，生活様式のほうは個別有機体の外側に「文化」として蓄積するかたちで飛躍的・加速度的に変化する。その変化が現生人類の歴史的発展として，また諸民族の多様な文化として実現した（ギアーツ 1987）。したがってホモサピエンスの地球上における生活様式構築とその変化は，生来の生物学的に遺伝的な資質を土台としながらも，その外側に「文化」の層を分厚く形成して，それを蓄積・変化させながら外界への適応をはかり，また発展させてきた歴史である。それを通していまや人類の生活圏は，南極大陸を除く地球上のほとんどの地域に広がり，まるで地球の支配者であるかのように振る舞っている。

　ところで文化は各個体の外側に蓄積されて存在するわけだが，それを理解し，わがものとして活かせるような，人間内面における能力・志向・態度の形成が同時になければ，どんな文化素材もはたらかない。だから文化とは，人間に外在すると同時に内在するものでもある。ここでやっかいなのは，人がその生涯で自分の内部に，その時代の文化（＝生活様式）をわがものとする過程で（ある

場合はそれを変化・発展もさせる過程で）刻み込んで形成した内的文化は，「生物的遺伝として次世代に引き継ぐことができない」という点である。各個体にとって避けられない人生終焉とともにそれらは失われる。したがって誕生した新世代は，旧世代がその時代までに形成し活用している文化を「使いこなせる能力・志向・態度」を身につけるかたちでわがものとしなければならない。そこに現生人類が宿命的に背負った「誕生後の学習・習得」の課題がある。

　そのために，旧人・アウストラロピテクスの約3倍の大脳容量と，話し言葉の学習・使用能力とをもった現生人類は，他の動物や絶滅した諸人類種に比べものにならない大きな「教育可能性 (educability)」を遺伝的資質として有していた。しかしその生物的土台があってもそれが現実化するためには，先行世代が新世代に系統的に働きかけて，その社会の文化を獲得・内面化する学習・習得過程を促すこと (それがいわゆる「教育」である) が必要となる。そのような先行世代の働きかけの様式じしんが「子育て・教育の習俗」として，その集団・社会がもつ文化の一領域にもなった。人類の諸民族は地球上のどこにあっても，どの時代にも，そうやって誕生新世代を育てることで，新生児を「人間」にし，同時にその社会・文化の存続をも果たしてきたのである。それは，ホモサピエンスとそれがつくる群れ (集団・社会) にとっての，あの宿命的課題を乗り切るやり方であった。だから誕生後の学習・教育という過程は，「新生児を人間にする」営みであると同時に，「その社会・文化を維持・存続する」営みでもある。

　また，人間が文化を自分の内面に獲得・構築していくこの過程は，外にあるもの，他者がもつものが「移転」するように進むものではなく，個人の個体内部では「新しく生きている人間にとっての一つの創造」としてしかありえない。そこでは同じもののコピーがなされるというよりは，忘却や喪失もあるかわりに，それまでなかったものの創造もあったはずである。そうでなければ，地球上に登場して約15〜20万年といわれるホモサピエンスの驚異の歴史的変化・発展はありえなかった。だから新世代の学習・教育の過程には，個人や世代の人間としての変化・発達があると同時に，社会・文化の変化・発展の可能性もあることになる。つまり文化の学習・教育の過程を介在させながら，個人と社

会とは（維持・存続の面でも，変化・発展の面でも）相互につくり合う関係にあるといえよう。

　新世代による文化の学習・習得を促す「教育」という営みは，以上のようにホモサピエンスの動物種としての特性に根ざすかたちで，文化を介在して「社会が個人をつくり発達させ，個人が社会をつくり発展させる」という関係を現実化するものにほかならない。このように「教育」はその元来の本質からして「社会的性格」をもっている，それがホモサピエンスという動物種なのである。

まかり通る「教育問題の個人責任」説を越えて

　もちろん，「新生児がその社会・時代の人間になる」にあたって必要な教育のレベルは，5～6千年前ともいわれる「文字の発明」によって経験・知識の集団的記憶・蓄積と伝達のレベルが飛躍的に拡大することで1つの画期を迎えただろう。さらに，18・19世紀における「市民革命」・「近代国民国家」・「産業革命」という社会の歴史的変化を背景として，それまでの一部の身分・階層の者だけが通う学校ではない，皆学制「近代学校」が歴史に登場することで，もう1つの大きな画期を迎えたことになる。それらの点は第1章に譲りたい。ここで「教育の社会性」としてあらかじめふれたい第2の点は，きわめて現代的な問題である。

　日本でたとえば，子ども・教育問題のあれこれ（「いじめ」や「いじめ自殺」，不登校，引きこもり，落ちこぼれ，体罰，少年非行のさまざまのかたち，児童虐待，お受験・私立中学受験の過熱が惹き起こす悲喜劇，卒業生の就職困難，など）のケースや数値が報じられて話題になる際に，そのケースにかかわる子ども自身，親・家族，担任教師，その学校の校長，などの「個人責任」が問われ，その人たち個人（また，その層の典型を示す像（イメージ））が「社会的非難の集中」を受ける場合が多い。これはいまの日本社会で「子ども・教育問題」について「個人責任」的意味づけがいかに強いかを示している現象である。もちろんそこに登場する個人が何のかかわりもないとはいえない。しかし，「非難されるような責任が，本当にその個人にあるのかどうか」の判断にはもっと慎重になる必要があるだろう。

子ども・教育問題も，社会問題の一領域である。社会問題が，個人の注意や努力さえあれば簡単に解決できるものならば，その知識・経験・知恵は情報としてたちまち広がって，そもそもそれは社会問題とならない。「社会問題」とはむしろ，その緩和・解決に向けての努力が各方向からなされても，容易に改善・解決にいたらない（ある場合は個人的「解決努力」やその集積が全体としての問題をいっそう激化させ，解決を難しくする）ような社会的メカニズムが強くはたらくものである。それほど難しいからこそ，それは社会問題なのである。子ども・教育問題も例外ではない。

たとえば1992年になって「不登校は誰にでもおこりうる」（文部省）といわれるようになったことにも見られるように，先にあげた10を越える子ども・教育問題のどの1つをとっても，日本の「どの子，どの家族，どの教師，どの学校，どの地域」に起こってもなんの不思議もない問題ばかりである。いまたまたまそうでないからといって，明日にそうならないとは誰も保証できないし，またそういう問題を経験せずに子育て・教育を卒業したとしても，それは偶然の重なりでそうなったのかもしれず，いちじるしい困難を経験しているケースと地続きでないとはいえない。

もちろん，相対的にある層にある問題・困難が起こりやすいということはあるだろう。しかし，それもけっして当事者の「個人責任」にだけ帰すことのできる問題ではない。またそもそも，現代日本の庶民のなかで，なんの社会問題にもかかわることなく，完全無欠の生活・人生を楽々と送れている人など，一握りかほとんどいないだろうから，「個人責任」視角は「庶民間の相互非難」視角でもある。「あの連中がこんなひどいことをしているから，自分も苦しめられているのだ」という。

子育て・教育は，つきつめると個人の成長・発達にかかわることがらなので，子育て・教育問題においては，とりわけ「個人責任」追及的パースペクティブがはびこりやすい。それに個々の問題ケースで当事者個人の特定が容易なことも，マスコミなどを通じた「個人責任」追及に拍車をかけているだろう。

私たちが「子ども・教育問題ケースへの個人責任パースペクティブ」とそれ

が含んでいる「相互非難の罠」から解放される道は，たとえその問題ケースの内部に「被害−加害」関係があったとしても，そうなってしまった問題の社会的文脈のなかでは，当事者全体が「ある社会問題の被害者」の位置にいる（たとえば「いじめっ子」も大きく見れば被害的存在），ということを見通す眼をもつことである。たとえその問題ケースに「怠慢や弱さ，あるいは異常な攻撃性」が見られるとしても，その人は好きこのんでそうなっているとはかぎらず，そうなる社会的メカニズムの力がそこに強くはたらいているという点への視界に眼を開くことである。それが「ことがらの社会的性格へのパースペクティブ」にほかならない。

一見個人的に見えることがら・問題の内部にも背後にも，深く浸透している社会的メカニズムを説得的に浮かび上がらせること，それが「教育の社会性の社会学的解明」の現代的一側面である。

2 子育て・教育への教育社会学のアプローチ――教師にとっての意味

以下の第1〜10章で具体的テーマに即して展開される教育社会学のアプローチを，ここで一般的・抽象的にだけ述べることは難しい。むしろそれが教師にとってどういう視野を開くものなのか，という点をここでは近年困難度が顕著な「親−教師の関係形成」問題を取り上げて，簡潔に述べることで，教育社会学という学問のアプローチの特質を描いてみたい。

家族の子育てを見る教師の社会学的視野を

親から学校・教師への「いちゃもん」・「無理難題」が話題になり「モンスター・ペアレンツ」ともいわれている。たしかにどう考えても「ひどい」という親はいるだろうし，またそれがかつてよりは増加していると思う。しかし埼玉県の「困難高校」ばかりに赴任しながら苦労してきたある教師は「貧困と格差の中から人生を拓く生徒たち」（白鳥 2007）という論稿で，

> 「親や大人の「荒廃」「無責任さ」がよく言われるが，貧しくはあっても真面目に健気に子どものために働く親の「比率」は変わっていない。ひど

いなと思わせる親は数年に一人ぐらい」
と述べている。たしかに今まででは考えられないようなことを言ってくる親も時にはいるだろうが、それが「激増」というのは言い過ぎではないだろうか？マスコミで「親のいちゃもん増加」が取り上げられると、親との関係形成に悩み苦労している教師たちに少しはなぐさめになるかもしれない。しかしそういう「困った親は、困っている親」という言葉もある。親の側の気持ちに寄り添ってみると、「いちゃもん」と受け取られるかたちでしか、自分の要求・思いを表現できないような私的事情・困難や、学校・教師への不信・不満の蓄積もあるのではないか。

　教育社会学がこの問題について、教師にとってのなんらかの視野を開くとすれば、① 教師と父母の信頼関係形成は、教師の仕事の性格からして元来とても難しい課題であること。② それが日本の場合100年以上の教師たちの実践活動積み重ねを通じて「教師－生徒関係とは、教師－父母関係とはこういうものだ」という型を「当たり前」にするような学校文化が形成され、個々の教師がそこに信頼関係を築くのが比較的容易であるような「遺産」となって、長くそれに守られていたこと。③ その遺産がある時期から（おそらく1970年代半ばごろから）徐々に崩れ、効かなくなって、その難しい課題が一人ひとりの教師の肩にのしかかっているのが今日であること。④ その際に「低くなった信頼」から本物の信頼を築きだすうえでは、親からのさまざまなクレームをなんでも「いちゃもん」と意味づけて受け取るよりも、そういう表現しかできない親の主張や声によく耳を傾け、その背後にある「親も生活・子育てに悩み苦しんでいる」社会的・個人的諸事情を、共感をもって受けとめる教師・学校側の心の広さのほうが「不信・不満を、実体験を通じて信頼へ」と組み換えていくうえで、また、あの「庶民間の相互非難の罠」を越えるうえで、おそらく現代的ポイントであること。⑤ にもかかわらず、教師も「人間」であり「欠けるところなき聖人君子」ではありえないので、「異様に高い倫理性」を教師集団として常時保持することが難しいのは当然であること。教師が互いに親についての愚痴をこぼし合ったり、ひどい親の言い方にむかついたことを出し合ったり、

テレビ・新聞で「親のいちゃもん」が取り上げられ非難されるのを心のどこかで「痛快」に感じたりするくらいは，なんら罪の意識を感じる必要はないこと。むしろ④と⑤とはセットになって，今日難しい教師の仕事を，個人としても集団としても乗り切っていく知恵（教員文化）としてあるものだということ（より詳しくは，第1・4・10章を参照）。

同じような社会学的視野は，「学校制度と教師」，「国家と教師」，「生徒－教師の関係形成」，「現代教育改革と教師」，「教師のアイデンティティ」というような，どの面でも例をあげることができる。しかし序章にはそのスペースがない。以下の第1～10章を読みすすめることで，（執筆者集団の非力にもかかわらず，それを越えて）教職にとっての教育社会学的パースペクティブの内実が具体的に伝わることを祈るのみである。

なお，以下第1～10章には，末尾に「考えてみよう」という復習的な「問い」を設け（序章だけは，置いていないが），また「引用文献」とは別に「参考文献（further readings）」としてその章の内容をもっと深く学習したい人のための案内があるので，活用いただければ幸いである。　　　　　　　　【久冨　善之】

引用文献

ギアーツ，C.（1987）『文化の解釈学』Ⅰ・Ⅱ，吉田他訳，岩波書店（原著 1973）
白鳥勲（2007）「貧困と格差のなかから人生を拓く生徒たち」『教育』2007年10月号

参考文献 (further readings)

E. デュルケーム『教育と社会学』佐々木訳，誠信書房，1976年
　「教育社会学」という学問の「父」ともいわれるフランスの高名の社会学者が，パリ大学で1902年に行った講義録を中心に，1922年に遺稿集として出版されたもの。教育事象がどうして社会事象なのか，またその事象に社会学としてどのようにアプローチするのか，そのような追究がどのように豊かな意味と可能性があるかを的確に論じた古典的名著である。

三井誠『人類進化の700万年』講談社現代新書，2005年
　著者は科学ジャーナリストであるが，遺伝・進化学の発展への深い造詣と研究情報をふまえて，人類進化の秘密をわかりやすく紹介した入門的解説書。「ホモサピエンス」が

もった動物的特性が，遺伝・進化学ではどういうものかを考えるうえで理解しやすく，参考になる。

第1章 学校という制度と時間・空間
——その性格と文化にアプローチする

　5～6千年前ともいわれる「文字の発明」は，人間の経験・知識を社会的に記録・記憶・伝達するうえでの革命的な変化になった。それ以降の歴史過程のどこかで「学校」もつくられただろう。しかしそれらは本章の前史である。というのは，文字の読み書き能力（リテラシー literacy）をもつ者は社会の支配者とそれに連なる知識人といった一部の者に限られており，学校もその人々の独占物だったからである。本章が対象とするのは，人類史の19世紀になってその姿を現実化した「近代学校」，つまりその社会に産まれたほとんどの子どもが通うことが原則の皆学制学校制度（その思想や試みはそれ以前からあったが，制度として本格的に登場したのは19世紀）である。それは，リテラシーの所有・非所有をめぐって何千年も続いた社会内の文化的亀裂を克服するという意味では，文字発明に匹敵するほどの大きな歴史的発明物だったともいえるだろう。

　ところで，産まれた子どもがある年齢になると，なぜ皆が学校に通うようになったのか？　いまでは「教育問題の巣窟」のようにイメージもされるその学校に，どうして相変わらず皆が通うのか？　学校にはどのような性質があって，なぜ，この社会でそんなに重要な場所になっているのか？　本章はそのような点を教育社会学として考える。

1　近代学校という制度の形成・定着とそれへの社会的期待

近代学校登場の歴史的背景

　「皆学制近代学校」は人類史の2つの革命を背景に生まれた。1つは「市民革命」によって近代国民国家が成立したこと。もう1つは「産業革命」を通して近代的産業社会が成立したこと。18世紀から19世紀に欧米先進諸国で起こ

った。こうした2つの大きな政治的・経済的・社会的変化が，皆学制近代学校を人類史に登場させる背景となった。

　① **近代国民国家は近代学校を求めた**　「国王」がもつ権威や力に依拠しない国民国家は，国民全体が「この国は自分たちの国だ」という「国家意識(national consciousness)」をもつことが，その存立・統一にとって必須の課題となる。そこで重視されたのは，国家語による言語的統一の確保であり，そのためにも皆学制学校を通じた「国家語の教授」，国家語を使った教育(教授語，教材とも)，歴史・地理などの教科や学校行事を通して国家アイデンティティを形成すること，などが重要となった。だから，近代国家形成はどこでも，そのような「国家意識形成」を内容とする皆学制近代学校の確立努力をともなっている。

　② **近代大工業社会が知識と規律の一定水準を求めた**　近代産業社会(大工業社会)は，それまで以上に高度な分業・協業関係を職場内にも職場外でも必要とした。それには労働者たちに，大工業の分業・協業の円滑な展開を可能にして支える規律性と共通知識のレベル，そしてより高度な分業に従事する一部の層にはそれに対応する専門知識のレベルとがなくてはならない。皆学制近代学校は，一方では学ぶ者だれにも共通の知識・規律レベルの養成をはかりつつ，もう一方でその共通知識教育が「普通教育」として，将来どの分野の専門的な知識・技術を学ぶにも基礎となるように段階的に構成された(デュルケーム 1976)。そうした共通性と段階性との組み合わせによって，近代学校体系は近代産業社会の労働能力要請に応えたのである。

近代学校制度の広がり ──業績主義原理に基づく人材配分

　「20世紀は学校の世紀」といわれるくらいに，近代学校は地球上全体に広がった。学校制度がそれほどの広がりをもったのは，上の①・②だけではない，もう1つの重要な理由，つまり，③ **近代社会のもつ「業績主義」に適合する教育制度だった**という事情がある。

　前近代社会が「属性主義」(その人の生まれの属性，つまり身分，家柄，人種・民族，性別などで，人間を評価して処遇する)原理に立つのに対して，近代社会は「業績

主義」(その人が誕生後に身につけた能力とその発揮で，人間を評価し処遇する)原理に立つ社会である。業績主義は，一方で「属性による判断」を排することで「近代社会の〈平等〉という要請」に応えるものである。他方で「業績による判断」は，その業績レベルの差によって近代社会内の威信と処遇の異なるさまざまの地位へと分配するかたちで，〈結果としての不平等〉を生みだす原理でもある。

そのような近代業績主義にとって，皆学制近代学校は実に適合的な存在であった(この点は第6章で詳述)。この学校制度体系は，まずその社会に誕生した子どもたちを一定年齢になると皆入学させて同じ教科・課題を学ばせるので，〈平等主義〉にかなっていた。また学校知識(学校で子どもが学ぶべきとされる知識)をどれだけ習得したかが公正に系統的に評価される仕組みをもっていた。それに学校体系は，皆学制の初等教育から，一部の者が進学する中等教育・高等教育へと段階的に積み重なっており，上級学校段階に進むには学校知識習得における一定以上の達成レベルが必要であった。つまり学校制度は全体として，制度体系じしんがきわめて業績主義的なのである。もちろん，高額の授業料を徴収する私立学校が公立学校とは別に特権的なコースになっている点や，中等学校以上は男女別学が当たり前という時代もあったなど，その業績主義には常に属性主義が浸透する余地はあるのだが。

業績主義の点での近代社会と近代学校とのこのような通底性は，近代学校体系をして，「そこで学校知識をどれだけ習得したか」を基準に子ども・若者の進学や進路を公正に振り分ける機関，つまり人材配分機構ないし諸職業への通路として大きな力をもつ存在にした。またそうした〈結果としての不平等な配分〉をやむをえないものとして納得させる「正統化」という役割も果たした。

ところで，皆学制近代学校システムを整備するという課題は，㈦社会のすべての子どもがどこに住んでいても通えるだけの多数の学校の土地・建物・設備を確保する点でも，㈵社会全体で多人数いる子どもたちを教えるにふさわしい大量の教師を養成し雇用し賃金を払うという点でも，㈸段階別の学校カリキュラムを設定してそれに見合う教材を準備する点でも，近代国家にとってどこでも「一大事業」であった。にもかかわらず学校制度が社会の近代化と歩みをと

もにして拡大したのは，上の①・②・③の背景があったと考えられる。

2　学校制度がもつ諸秩序とその性格

　これまでは，学校制度が近代社会で果たすべく期待された歴史的役割の点から学校を考えた。ここからは，そのようにつくられた学校制度の内側に踏み込んで，学校という制度の性質，その集中性と秩序性について考えてみよう。

学校は，諸要素の集中的組織体

　学校という制度はなにより「集中性」という特徴をもっている。学校にはその教育展開のために「モノ」「カネ」「ヒト」をはじめ，諸要素が相互に重なり結びつきながら集中している。その若干を例示すれば以下のようである。

［モノ］校地，校舎，施設・設備・備品，教材・教具ほか

［カネ］公費（義務教育費国庫負担，運営交付金，私学助成，各種補助金ほか），私費（授業料，教材費，給食費ほか）

［ヒト］児童・生徒，教師，養護教諭，事務・用務職，非常勤職員，PTA，同窓会，学校評議員，ボランティアほか

［知識・価値］教育目標，各教科・カリキュラム，教科外活動，道徳教育，教育評価規準ほか

［行動規範］学校の時間・行動に関する規範（授業，休み時間，時間割，スケジュール，校則ほか）

［社会とのつなぎ］入学試験，卒業資格，学歴・学校歴，進路（進学・就職）実績，活動実績，学校の評判ほか

　社会のなかの組織というものは，学校にかぎらず多かれ少なかれいろいろな要素が集中しているといえばその通りだろう。しかし学校の集中性はとりわけ高い。たとえば，週日の一定の時間帯に毎日いっせいに集まって活動している人間の数が一般に多い。それに「遅刻」や「中抜け」を嫌い，いったん学校に来ると放課までキャンパスに囲い込んでいる。またいったん入学すると，卒業する・中途退学するまでは休日・休業日以外は毎日登校する決まりになってい

る。学校が存在する地域にとっても，ある種類の土地・建物・施設のまとまりがあって，そこで一日の一定時間多くの人間が集まり，時間に沿って活動が展開しているので，それはやや目立つ特異な場所になっている。それが全国のどこでもそうなのである。

　学校の集中性は，そこで学ぶ子どもたちを諸要素がまるで取り囲むような集中性であり，それが子どもたちにとっての教育・学習環境となって，その囲みのなかで多数の子どもたちの諸活動が連続的・重層的になされている集中性である。

学校は3つの秩序をもっている

　学校という制度のもう1つの顕著な特徴は，その「秩序性」である。これも社会のどんな制度もなんらかの秩序をもつといえばその通りである。ただ学校は上述の高度の「集中性」に対応する高度の「秩序性」で組織されている。それほど多くの要素が重なり合いつながり合って集中していれば，そこに整然とした秩序がなければ，とてもそれら諸要素を学校の仕事にふさわしいように働かせることはできない。学校がもつ独自の諸秩序を，ここでは大きく「知識秩序」，「生活秩序」，「道徳秩序」に分けて見てみよう。

　① 学校の知識秩序の若干の様相　学校知識については第2章に詳しいので，ここではその秩序性について3点だけ簡潔にふれたい。

　㋐　教科・科目への区分：学校で子どもたちが学ぶべきとされる膨大な知識群は，まず教科・科目に区分されている。それらは，その知識がもともと生産されたり活用されたりする学問・芸術・文化の諸領域に大まかには対応するかたちで区分されている。こうした教科は普通教育ではどの国においても，おおよそ「言語（自国語と外国語），数量，自然科学，社会科学，芸術（音楽，美術など），保健・体育，技術など」で構成されている。

　㋑　順序性をもったカリキュラム：学校知識群は教科・科目に区分されているだけでなく，ある順序性をもって並べられている。学年の順序，ある学年の単元の並び，そして毎時間の課題として。それらの全体は学習者にと

って「学ぶ道すじ＝カリキュラム」として，区分と順序をもった体系をなしている。

(ウ) **規範化する知識**：知識は元来「規範」ではない。世の中には知らなくてよい知識がいくらでもある。しかし学校知識は規範化するという特徴をもつ。つまり「学ぶべき」とされ，それが習得されたかどうかは常々問いかけやテストを通じて点検される。またその習得程度の評価は，学校での「学業成績」や「テスト成績」として，在学中はその学校生活の「良・不良」を表示する賞罰的意味をもつうえに，上級学校への進学や卒業後の進路を左右するはたらきをもつ。学校制度はそうやって，知識の規範化に関する学校内部的および社会的保証を得ながら，学習者たち（必ずしも学びたいという意欲をもつとはかぎらない子どもたち）に，その習得を迫っているのである。

② **学校の生活秩序** 学校生活はそのどの側面もが，いろんなかたちで秩序化されている。

(ア) **時間秩序**：始業時間・終業時間の規定，授業時間と休み時間との規則的な交替，といった一日の時間編成から，一週間の時間割，学期ごとから年間の授業・行事・儀式等のスケジュール，そして一年度をもって学年が1つ上がる，といった具合である。こうした長短の規則をもった時間リズムは，「学校の時間」を特徴づけている。

(イ) **空間秩序**：学校キャンパスとキャンパス外とは厳格に区切られている場合が多い。また学校内部でも，廊下・教室・体操場・職員室等が区切られ，空間ごとの用途は比較的厳しく決められている。教室内でも，整然と並べられた机・椅子，学習者個人への座席指定，教師が通常立つ位置など，細かく区切られている。

(ウ) **集団秩序**：学習者の集団は，近代学校の確立期以降は多くの場合「同一年齢の子どもたち」を集めた学級というかたちに組織され，低学年では1人の教師が担任するかたちがとられる（学年が上がると，教科ごとに専科教師が教えるかたちもとられている）。学年の子どもの人数が多ければ，複数の学級も組織される。また複数学級編成に「能力別」原理が用いられる場合も

ある。

(エ)　**社会関係秩序**：学校でもっとも重要な関係は「教師－生徒関係」である。「教師が教え，生徒が教師の指示に従って学習する」という関係を構成し，作用させていくために，教師は学校制度によって「特別の権威」(ウォーラー 1957)を賦与されている。教師の権威は制度的には前提とされているが，生徒たちが認めるかぎりで成立するものなので，そこに不安定性があって，「教師－生徒関係」を効果的に形成・運用できるかどうかは教師たちの工夫のしどころであるとともに，悩みの種でもある。

③　**道徳的秩序**　以上の「知識秩序」と「生活秩序」という2つの秩序は相互に重なり支え合って，学校秩序を形成している。学校教育活動の中心が授業にあり，学校知識の伝達－獲得にあるとすれば，生活秩序は，中心である知識秩序の展開の基盤・下支えになっている。と同時にそうやって展開される学校知識が効果的に伝達－獲得されることは，やや堅苦しいとも思われる学校の生活秩序に「意味」と「正統性」を与えることになる。しかし，両秩序は相互に支え合うだけでなく，いずれもそれらを「よし」とする道徳秩序をともない，それに支持されることによって秩序として維持されている。学校は子どもたちにとって「一つの小さな社会」であり，それがもつ諸秩序を「よし」とする価値・規範をともない，学校の最大人数の構成員である子どもたちがそれを自分たちの内面に道徳・規律として受け入れ形成することで，社会として成立し，かつそれが子どもにとっての1つの日常的道徳環境となっている。

3　学校制度がもつ「かくれたカリキュラム」

学校制度には，表明されたカリキュラムと「かくれたカリキュラム」がある

　学校が「こういうことがらを教え，学んでもらう」という規範化した学校知識体系としての「表明されたカリキュラム」をもっている点は上に述べた。しかし「子どもが学校制度を通じて現実に学ぶもの」が，それ以外にもあることが注目され，それが「かくれたカリキュラム」と呼ばれるようになった。前節で紹介した学校制度の諸秩序は，単にそこにあるというだけではなく，その制

度秩序に組織される子どもたちに（教師たちがそれを意識するとしないとにかかわらず）教え込むものがある。たとえばそれは[1]，

① （学校知識の規範化と，その習得程度の系統的評価とを通じて）「学校で学ぶことが意味のある評価を受ける知識であって，学校で学ばない生活的知識は，それとは性質の異なる価値の低いものだ」という知識に関する分類と価値序列を教えている。

② （学校生活に関する時間的・空間的・社会関係的秩序が，子どもの要求とかかわりなくあらかじめ決まっており，教師だけがそれを変更・新設できるという経験の蓄積を通じて）「秩序は他者によって決められるものであり，それを左右できる権力の保持者もまたあらかじめ決まっているものだ」という秩序の他者規定性と，権力の上下関係の存在を教えている。

③ （学校時間の始業から放課までの規則的展開と，また毎週・毎学期・毎年のそのような時間展開，そしてそれらに自分の活動を合わせていく体験を通じて）「集団活動は正確な時間的規則をもって展開するもの」という時間的規律を体に刻み込む。

④ （各人の学校知識習得程度を系統的に評価し，その結果が学校での賞罰・処遇，卒業後の進路に直接影響する仕組みのなかを生きることで）「〈人間は本来平等な存在〉といっても，そこには〈業績による処遇の違いは正統な差である〉という業績原理と，それを乗り切る競争努力が働いているもの」という業績主義と競争関係の強い支配力を学ぶ。

⑤ （学校制度が社会に存在することの象徴的効果として）「学校といえば教育，教育といえば学校」という意識を，また「人生には学齢期がある」というライフサイクル認識を，そして「教育をより受けるには，学校歴を上昇させよう」という在学年数の延長指向と，それにともなう学校制度の自己拡大傾向とを，人々に植えつける。

明示的カリキュラムと「かくれたカリキュラム」との関係

「かくれたカリキュラム」は，学校のそのような潜在的作用を発見した社会

学者 K. マンハイムによれば「消極的学習」，つまり学習者が「努力しなくとも学校生活をしているだけで，いつの間にか学ぶ」という意味で，「明示的カリキュラム」よりも学習効果としてはむしろ強力だとされる（マンハイム 1964, 226 頁）。

　また，明示的カリキュラムと「かくれたカリキュラム」とは相補的な場合がある。たとえば「時間を守る」ことの大切さは，学校で明示的にも強調される道徳事項であるが，前述したような学校の時間秩序の規則的展開じしんが「かくれたカリキュラム」として，学校生活者の体に時間規律を刻み込んでいる。そこでは両カリキュラムは同一方向を向いている。

　さらにまた両者は対立する場合がある。たとえば，明示的には学校やクラスの子どもたちの「協力・協同」「仲良く」が強調される場合が多い。しかし，学校の学業成績の系統的評価とそれによる処遇・進路の違いは，むしろかくれた作用として，子どもたちに事実上の「競争関係」を教え込んでいる。その場合両者は対立することになるが，上述のようにかくれた作用の方が日常的に刻み込まれるので，より強いと考えられる。そうすると「協力・協同」や「仲良く」は，子どもたちにとって「偽善・欺瞞」と受け取られることになるだろう。それを避けたい学校・教師側はたとえば，「競争関係」が個人間競争ではなく，集団間競争（この学級が他学級と，この学年が他の学年と，この学校全体が他の学校と，というようなかたちの競争）を擬制することで，競争的エネルギーを集団に吸い上げ，集団内に協同関係を維持して，個人間競争意識を緩和する，といった両カリキュラム対立の調停策もとられる。

　以上でもわかることだが「かくれたカリキュラム」は，誰にとっても常にかくれていたとはかぎらず，ある層には見えている場合もあり，あるものは意識され，それへの対応を含めた学校生活秩序の組み換えもなされてきた。その意味で「かくれたカリキュラムが子どもの成長に働くように，それを組み換える」ことをめざすものが，「学校づくり」と呼ばれる「学校制度・学校生活秩序の再編」への営みだともいえるだろう。

4 学校文化というものの存在

学校には「文化」がある

　学校には，たしかに「学校らしい」雰囲気がある。たとえば，市民社会では許されていることが，そこでは許されないというある種の堅苦しさや，逆に学校だから許されている「馬鹿騒ぎ」，あるいはまた，職業人になってからは二度と味わえないような利害関係が絡まない親しい付き合いや，後には無駄とも思われる集中したテスト準備学習などがある。それらは，学校段階によっても変化するし，個別の学校による違いや個性もあるだろう。

　そのような学校らしい「学校の雰囲気」を，ここでは「学校文化 (school culture)」と呼んでいる。学校という制度が文化をもつのは「話が逆」という面もある。というのは文化とは集団生活に対応する総合的なものであり，制度は社会のなかであるはたらきをすべく生まれた部分的なものだからである。しかし，学校制度がある人々を日常的にそのなかに組織すると，そこがその一群の人々にとっての「集団生活の場」となるので，そこにその生活に対応する文化も生まれる。また「文化」というものの本質が，ものごとへの意味づけの体系であるとすれば（ギアーツ 1987），学校制度は，その顕在的カリキュラムでも，「かくれたカリキュラム」でも，子どもたちにある意味づけの体系を伝達し刻み込む作用をしている。そのような意味では，学校制度じしんも文化的存在である。「学校文化」は，そのような諸要素の全体をさしている。

学校文化の内部に踏み込むと，複数の要素とそれらの顕在・潜在の面がある

　学校文化には，大きくみると次の3基本要素と，それらの顕在・潜在の側面がある。

　①**制度文化**　学校の制度的枠組みがもつ文化的性格をここで「制度文化」と呼んでいる。その〈顕在側面〉としては，学校・教師が子どもたちに教えるとしている「表明されたカリキュラム」じしん，学校がもっとも尊重する「文化的要素」として，それに当たる。〈潜在側面〉としては，（本章2で述べてきたよ

うな）学校制度の基本的秩序枠組みがそれに当たり，それは（3で述べたように）子どもにとって強力な行動・規範・価値刻み込みの「かくれたカリキュラム」としてはたらくものである。

②**教員文化**　学校に日常的に組織される2大集団の1つめは，教師集団である。その教師集団の学校生活に対応して生まれる文化がある。ただし，教師たちは（第4章で見るように）社会層として独特の職業文化を形成する傾向が強いので，それをここで「教員文化」と呼んでいる。その〈顕在側面〉とは子どもたちに見えている面のことである。この側面で教師たちは，「制度文化」の担い手，文化伝達者・秩序維持者という姿で，ある「教師像」をともなって登場する。子どもたちには見えづらい〈潜在側面〉には，教師の仕事柄（その難しさの乗り切り）に対応して形成された教員層独自の行動様式やものごとへの意味づけ体系・解釈枠組みが存在する[2]。それらは，子ども・父母・社会からは，まるでベールの向こうにあるかのように，日常では見えづらい。ところがたとえば，学校で事件が起こった場合などに，他の層にも見えるかたちで露呈することがある。子どもや世間の人々は，そこに見えた校長・教頭や教師の姿が，あの「顕在的教師像」とあまりにも乖離していることに驚いたり，不信を抱いたりする場合もある。

③**生徒文化**　2大集団の2つめとして，学校の最大の構成人数を占める生徒たちの集団が営む学校生活に対応して，（第5章でも論じられる）「生徒文化」が存在する。その〈顕在側面〉は，学校・教師に推奨された生徒生活行動であり，たとえば学校行事活動や学年・学級活動，教科外活動などで，教師たちの影響力や視線が及んでいる領域での活動の姿として現れる。〈潜在側面〉は，教師からは見えにくい，生徒たちだけの学校世界（教育学者竹内常一が「学校の地下組織」と呼んだもの）である。そこには，学校制度文化とは異なる「消費文化」や「若者文化」が強く浸透するだろう。またその世界での独特の文化的動態として，「怠学傾向文化」や「いじめ・いじめられ関係風土」などがはびこる可能性をはらんで展開している。

学校文化の諸要素の相互関係・外部関係の展開，そのいくつか

　学校文化の3要素と顕在・潜在面の以上の説明からも垣間見られたことだが，それら相互の関係に，また学校外部に存在する要素との関係に，それぞれの性格があって，それらが全体としての学校文化にある独特の特徴を与えている。

　① **制度文化の基本的規定性**　制度文化は学校文化諸要素の基本的枠組みとなっている。「教員文化」が，個別学校を越えて社会層としての教員職業文化を形成しているといっても，その職業はそもそも近代学校に大量雇用されて成立したものなので，学校制度枠組みを越えているわけではない。「生徒文化」に社会の消費文化や若者文化が強く浸透しているといっても，生徒文化じしんは学校制度内部に棲息しているので，基本的枠組みの規定性のなかにある。

　② **制度文化の外的関係**　ただし制度文化も外部との関係ではけっして独立とはいえない。まず学校制度を組織している近代国家，その教育官僚機構の規定性を免れない。また，その制度が存立する地域社会の文化との相互交渉を通じてその地域社会に定着してきたという側面を忘れることもできない。だから（第7章で見るように），その地域社会の産業構造や階級・階層構造に変動が起こったり，多民族化といった変化が生じる場合には，制度文化じしんの組み換えも迫られることにもなるだろう。

　③ **制度文化と潜在的生徒文化との距離とそれを埋めるもの**　近代学校では，学校カリキュラムの学習をめざして生徒たちが集まってきたとはかぎらない。むしろ一般に子どもたちは「学校の勉強」をそれほど好んではいない。また堅苦しい学校生活秩序も，子どもたちの学校生活への大きな制約となっている。したがって学校・教師側の文化（「制度文化」および「それを伝達すべく子どもたちの前に立つ教員文化の顕在面」）と，生徒たちの独自な世界である「潜在的生徒文化」との間には基本的に大きな距離があるといわねばならない。W.ウォーラーがその古典的名著（ウォーラー 1957）でもっとも注目している点は，この両者の関係の焦点である「教師-生徒関係」の宿命的対立とその展開にほかならない[3]。第3章で詳述する「教師-生徒関係」は，教育実践の展開にとって不可欠な関係であるが，そこには以上のような文化的対立が背後から重なっているのであ

る。

　その場合，生徒文化の顕在面にある行事活動・教科外活動が，もし生徒たちのエネルギーを組織しそれに支えられて展開されるならば，それは生徒活動じしんがあの大きな距離を埋めるもので，学校文化展開にとって「望ましいシナリオ」といえるだろう。そうならない場合は，学校・教師が推奨する生徒活動はむしろ形式化・形骸化するおそれが大きい。

　両者の間にある大きな距離を埋めるもう1つの学校内要素としては，「この学校は統一した1つの存在だ」ということを語りかける，校名・校章・校歌・校旗という諸シンボルの存在や，学校の歴史・伝統の確認，それを再演・再現する諸儀式・出版などといった学校特有の営みがある。それらを学校の文化的要素と考えれば，学校文化の4つ目の要素として「**校風文化**」と呼ぶこともできるだろう。そこではそれぞれの学校に固有のかたちで，対立関係の潜在化や調停・融和がはかられ，それらを通じて1つの「われわれ意識（we-feeling）」が形成されれば，それがその学校独特の雰囲気となるだろう。

　以上の①・②・③で見たような相互および外的関係を含みながら，学校文化の動態は展開している。

5　学校制度とその秩序・文化は，普遍的意味と恣意性との統一体

　近代学校が，支配・知識層と民衆層との間にあった「文字と文字的蓄積文化へのアクセス」をめぐる文化的亀裂を克服し，民衆層に学習・教育の機会を保障する画期的・歴史的意味をもつ存在であることは上述した。それは社会の近代化，そこでの政治的・経済的・文化的発展の要請に応えるのにふさわしい制度性格をもち，またそれらの発展に支えられながら制度として確立・拡大してきた。同時にそういう変化する社会に生きる民衆の子育て・学習要求ともマッチすることで，地域社会に定着した。

　今日「教育問題の巣窟」であるかのような否定的評価を受ける学校制度であるが，上のような歴史的に普遍的な性格があるがゆえに，これだけ巨大な制度となり，批判は受けてもしぶとくその存在を続けているといえるだろう。序章

で述べた「ホモサピエンスの〈生誕後の学習〉と〈文化〉とのセット」という存在・成長システムにおける，19世紀以降の近・現代段階の仕組みこそ，「皆学制の近代学校である」といえよう（もちろん今後，別のものが登場する可能性はあるわけだが）。

だから，本章で説明した一連の学校制度・秩序・文化の構成と展開には，そのような人類史の段階における普遍的な意味があると考える。

しかし近代学校はその制度性格のうちに，避けがたい難問・矛盾をかかえ込んでいる点も忘れることはできない。その主要な点は，以下の3つの問題である。

近代国家による組織化がもたらす国家介入をめぐる難問

近代学校は，近代国家によって組織された（これは第9章で詳述される）。民衆層には自分たちで学校をつくる社会的力がなかったので，近代学校は民衆全体に学習・教育を保障する制度であったが，その学校システムは国家との深い関係を免れないものになった。ある場合には，たとえば日本の戦前・戦中の軍国主義教育のように，その時代の国家支配者が，教育の制度・秩序・文化を強く規制し，「破滅への道」に導くという場合が起こりうる。戦後の学校教育システムはその反省をふまえて出発したわけだが，時の政府に大きな力をもつ勢力の「恣意」が，国家を通じて学校に及び，それをめぐって戦後日本だけでもいくたびの紛争が起こっているか数えきれない。国家が組織している制度であるから，国家からまったく自由であることは考えられない。と同時に，国家はどのようにでも（つまり，時の支配者のたまたまの都合や思い通りに）できて，それでいいというわけにもいかないだろう。学校教育システムへの国家の過剰介入と，その介入の適度な制限をめぐって，どこまでも争いが絶えない，という宿命をこの学校制度は背負っている。

階層間の分化・亀裂が学校制度システムに内部化

もう1点は，何千年も続いた文化的亀裂を克服する「公正・平等な制度」と

されるものが，近代業績主義社会に連接することで〈結果としての不平等〉を生みだし，かつそれを正統化するはたらきもする点に関連する。学校で学ぶ文化じしんが，必ずしも庶民文化ではなく，かつて学校を独占していた特権層の文化を伝統的に継承しているという問題がある。またその社会のより正統性の高い文化の領域から学校知識・学校文化が選択されてくると，結局より高い地位をもつ層の子どものほうが，その習得においてずっと有利であるという面がある。

ここでの問題は，いったん「克服」されたかに見える「文化的亀裂」は，学校制度システムに内部化し，そこで再生産されるということである。第8章で詳述されることであるが，これが，近代学校が成立以来今日まで，解決できずにかかえ込んでいるもう1つの問題である。

学校制度じしんの恣意性自己生産

先に「一連の学校制度・秩序・文化の構成と展開には，……人類史の段階における普遍的な意味がある」と述べたが，それを裏切る事態も起こるのが社会制度である。というのは制度とその秩序・文化は，それが求められて形成されるときは合理的意味があるとしても，いったん成立した制度・秩序・文化には「慣性」がともなうので，時代や社会の変化に応えて必要な組み換えを自ら適切に行うかどうかの保証がない。また「制度主義 (institutionalism)」や「専門家の支配 (professionalism)」と呼ばれる傾向も前から指摘されている（ウォーラー 1957）。つまり制度がいったん確立すると，その期待される社会的働きを果たすことに指向するよりも，その制度の事実上の担い手たち（たとえば，その専門職者たち）の利益を維持することのほうを指向する傾向があるという問題の存在である。

これは，外からもち込まれる「恣意」ではなく，制度じしんが社会制度として内部生産する「恣意性」である。その意味では，学校制度はそのままでは常に時代に遅れる傾向性をはらんで存在するといえるだろう。そのことから，「学校改革」は学校制度史上たびたび課題となって，社会の変化や，子どもたちの

変化に見合った変革を問われることになる。またその際，学校制度の事実上の担い手である教師たちのことがらへの向かい方も同時に問われ，「学校教員制度改革」をともなって課題となることが多い。

　ここで難しいのは，こうした「学校と教員制度の改革」が，民間から湧き起こってくることもあるが，学校制度組織者である国家の側の課題意識とイニシアティブによってなされることが当然ながら多い点である。そこでは，国家の「改革指向」が，時代の変化を適切に反映した合理的なものなのか，それとも時の支配者の「恣意」による国家の過剰介入であるのか，という点の見分けや区別がとても難しい。本書第10章は，近年の「教育改革」を事例にしてこの問題を議論している。

　以上の3点のように，学校制度はある面では「恣意性」に満ち満ちているわけであるが，過剰な恣意性は学校制度を社会のなかで真っ当にはたらかせるものではないので（そのようなことでは，学校制度の正統性を社会的に維持できないので），歴史的に長い眼で見れば「人間発達に対する恣意性過剰な構成」は淘汰されて，ある一定の範囲内に納まるものであるだろうし，各国・各地域・各学校・各教師の努力を回路とした絶えざる「学校改良」「学校改革」を通じて，いろいろな紆余曲折を経ながら「人権を確立する学校」への歩みを進めるものであると考える。
　　　　　　　　　　　　　　　　　　　　　　　　　　　　【久冨　善之】

注
（1）ここでの「かくれたカリキュラム」5項目は，リスター論文（Lister 1974）に整理された11項目の「かくれたカリキュラムのメッセージ」を参考にまとめた。
（2）英国の教育社会学者D.H.ハーグリーヴスは，教師層がその仕事柄かかえ込んだ，「関係課題」「地位課題」「能力課題」という3つの難問を乗り切るべく，この層独自の職業文化を形成した点を論じている（Hargreaves 1980）。
（3）W.ウォーラーのこの名著の最大部分は，「制度文化の担い手」としての教師層と，学校生活を生きる生徒たちとの，宿命的対立・葛藤・融和の解明におかれている。

引用文献

ウォーラー, W. (1957)『学校集団』橋爪訳, 明治図書 (原著 1932)
ギアーツ, C. (1987)『文化の解釈学』Ⅰ・Ⅱ, 吉田他訳, 岩波書店 (原著 1973)
デュルケーム, E. (1976)『教育と社会学』佐々木訳, 誠信書房 (原著 1922)
マンハイム, K. (1964)『教育の社会学』末吉・池田訳, 黎明書房 (原著 1962)
Hargreaves, D.H. (1980) The occupational culture of teachers, in Woods, P. (ed.) *Teacher Strategies*, London: Croom-Helm
Lister, I. (1974) The whole curriculum and the hidden curriculum, in Lister, I. (ed.) *Deschooling, A Reader*, Cambridge Univ. Press

考えてみよう

1. 皆学制近代学校は, どのような歴史的背景や役割をもって登場し, 近代社会に適合した制度だったのだろうか？
2. 学校に「文化」があるとすれば, それはどのようなものだろうか？

参考文献 (further readings)

W. ウォーラー『学校集団』橋爪訳, 明治図書, 1957 年
　ウォーラーはシカゴ学派社会学者のひとり, 原題は『教えることの社会学』で1932年発行 (Waller, W. *The Sociology of Teaching*)。学校という存在が, どのような内的・外的社会関係のなかで成立し動いているのかを, 手紙や観察記録なども使用してダイナミックに描いた大著で, 学校分析としてもエスノグラフィーとしても古典的名著として評価が高い。翻訳も優れていて, 大部ながらまるで小説のように読みやすい。

堀尾輝久他編著『学校文化という磁場』柏書房, 1996 年
　日本の学校文化が, どういう構造をもっているのかを, 理論面, その各要素面ごとに取り上げて, 既存研究検討や独自の実態検討に基づいて追究した書物。日本の「学校文化」に関する理論・実態を含んだ体系的な紹介と検討になっている。

第2章 学校で「教える」とは，どのようなことか

1 「学校知識」から「教える」ことの課題と困難に迫る

学校の科学はなぜ子どもたちの力にならないのか——古くて新しい問題

2016年11月に国際数学・理科教育動向調査（TIMSS）2015年調査の結果が公表された（国立教育政策研究所 2017）。日本は小学校4年生算数の平均得点が参加49か国・地域で5番目，理科では参加47か国・地域で3番目，中学校2年生数学では参加39か国・地域で5番目，理科では39か国・地域で2番目である。前回のTIMSS2012年調査と比べても，子どもの学力は「世界トップレベル」を維持しているようにみえる。

だがこの調査結果を通して私たちが見つめるべきは，平均得点の国際比較ランキングの高低よりも，日本の子どもたちの学力に刻まれた弱点や歪みの問題であろう。TIMSS2015で学力テストと同時に実施された質問紙調査では，国際平均との差は経年的に縮まる傾向にあるものの，たとえば以下の項目において肯定的な回答の割合が国際平均よりも低い。

○他教科を勉強するために理科が必要だ（日本の中学生36％，国際平均73％）
○理科を勉強すると，日常生活に役立つ（日本の中学生62％，国際平均85％）
○将来，自分が望む仕事につくために，理科で良い成績をとる必要がある（日本の中学生51％，国際平均72％）

数学についても，理科ほど顕著ではないが，同じ傾向がみられる。

平均得点は高いのに，数学や理科と他教科との関連が実感されず，日常生活で役に立つ，将来の仕事と関連があるという意識も低い。

TIMSS調査結果にも表れているこうした日本の子どもの学力の問題は，実

は昔から指摘され続けてきたものである。

　学校で科学・文化知識が教えられるとき，それらは現実の生活状況との往還関係を欠いた「日常的状況なき人工性」や「学校課題」性をともないながら，子どもたちの個別的で自発的な学びをむしろ抑圧するものへと転じがちである（駒林 1999）。近代日本の学校制度は，多くの父母・子どもにとって生活・労働上の直接的必要性や現在および将来の社会生活との意味関連性を実感しにくい西洋の科学・文化知識を，大量かつ効率的に分かち伝えるという困難な課題を背負って成立した（教育科学研究会 2006, 174-175頁）。こうした事情も，日本の子どもの学力問題の背景にある。

　学校の科学が子どもたちの認識・行動枠組みのなかに組み込まれ，いわば「骨肉化」した知識として獲得されることを長い間妨げ続けているものは何か。本章では教師を，親を，そして子どもたちを悩ませ続けてきたこの古くて新しい問題に，「学校知識」という視角から迫っていく。

「学校知識」という視角

　「学校知識（school knowledge）」という用語は基本的には「現代社会で，子どもたちが学校制度を通じて，学ぶように要求され，実際に学び，その習得の程度を評価される，そのような知識群」（久冨 1999, 156頁）をさす。「教育課程（ないしカリキュラム）」ということばと使い分けているのは，そうした知識が特定の人間や機関が意図する通りに形づくられるわけではなく，子どもたちとの間でそれが現実にもっている関係と，父母や教師，教育行政機構など諸機関，受験産業といった教育をめぐる利害関係者のせめぎ合いの歴史的・社会的過程を経てその基本的性格が決まってくる実態とメカニズムに迫るためである。

　本章の2では，諸知識の選択と再編成の過程を通じて創出される学校知識が，知識の習得それ自体と，知識習得に必然的にともなう道徳的価値の両面において，その「伝達-獲得」に直接携わる教師と子どもや，父母，教育課程行政担当者など利害関係者の意識や行動を規定し，自明性・固定性をもって誰にも容易には動かしがたい秩序を生みだしている側面について考察する。

一方で，学校知識が生みだすこうした秩序は，「別様でもありうるものが，さしあたって現在のかたちをとっている」という点では本質的に流動的・恣意的なものでもある。今日進行する大規模な経済的・社会的変化は，学校教育を通じて分かち伝えるべき力（＝「学力」）の内実やその評価のありようをめぐって，人々の間に疑義の念や見解の対立を生み出している。そうした状況では学校知識秩序の流動的・恣意的性格を暴きその変革を促す契機も生じるが，人々の意識と行動において自明化・固定化した学校知識秩序はそうした変革の試みを挫く作用をも生みだすのである。

3では，「資質・能力」の育成を目標に掲げて学校知識の性格転換をねらう近年の教育課程をめぐる諸施策が現実に辿りつつある展開を，こうした一連の社会的過程のなかに位置づけて検討する。

また4では，特に評価の問題に焦点を当て，学校知識秩序の正統性の揺らぎが教育活動の成果を数値化する指標の特権化に結びつくメカニズムと，そうしたメカニズムが国家が生み出す学校知識に二重のメッセージ性を与える側面を明らかにする。

最後に5で，以上の考察を通じて，学校知識改革の展望の一端を探っていく。

2　教える内容はいかにして形づくられるか

選択・編成を経て生みだされる学校知識がもつ，独自の関係とルール

およそこの世界にはさまざまな知識が生成・流通している。そうした知識のなかには学問知識も，高度な分業化の進む職業世界で必要とされる専門知識も，また日常生活を営むうえで必須の「常識」も含まれる。それらのなかから学校において分かち伝えるべきものが選択され，教室で伝達－獲得されることが可能になるように再編成（組み換え）がなされる。こうした選択・再編成の過程は，英国の教育社会学者B. バーンスティンが「教授言説（instructional discourse: ID）」と呼ぶ「さまざまな種類のスキルとそれらの相互関係を創出するルール」（バーンスティン 2000, 82頁），すなわち「いかなる内容を，どういう順序，タイミング，ペースで学習させ，その定着をいかに評価すべきか」といったこと

がらに関するルールによって規制されている。

　こうした選択・再編成の過程で，諸知識はそれぞれが生みだされ，流通し，新しい世代に継承され，発展するもともとの文脈から切り離され，その習得にともなう様式や関係において・ま・っ・た・く・性・格・を・異・に・す・る知識（＝「学校知識」）として生まれ変わるのである。

　学校知識はそれを学ぶ者に対して，特別な担い手（教師）の権威と，学習内容の選択，学習の順序，タイミング，進度に関する特別な規制の受入れを迫り，またその習得状況を授業場面や試験において絶えず監視・点検するという点で，ほかの知識とは区別される特徴をもっている。学校知識がそれを学ぶ者に要請するこうした特別な関係とルールは，子どもたちが生活・労働の過程で自然と身につけるに任せているかぎり習得に莫大な時間と試行錯誤を要したり，習得が不可能であったりするような諸知識を体系的，集中的，効率的に分かち伝える必要性が生みだしたものである。だがもう一方でそうした関係やルールは，多くの子どもにとって意義や効能の感じられない知識の詰め込みを，日常的点検と競争を通じて強要し，彼／彼女たちの興味や切実な問題関心に根ざした知的探究からの疎外をもたらすものにもなっている。

　さらに，学校知識はそれを習得しようとする者に対して，その行動や知覚，身の構え方や姿勢のとりかたを規定するような潜在的方向づけ作用を及ぼし，そうした方向づけに基づく態度や行動を示すことを絶えず迫ってもいる。バーンスティンはこうした「秩序と関係とアイデンティティを創出する道徳的ルール」（バーンスティン 2000, 82頁）を「規制言説（regulative discourse）」と呼ぶ。ここで重要なのは，学校知識は種々のスキルとそれらの相互関係を規制するルールである「教授言説」が道徳的ルールである「規制言説」に埋め込まれた図式（＝「教授言説／規制言説」）のもとに成立していることである。教授言説の基本的性格が規制言説によって規定される関係のもとで両者が一体となって学校知識秩序を形成しているのである（同上，83頁）。

　この図式が示すのは，教室で学ぶ子どもたちの行動や態度に及ぶ潜在的方向づけ作用のありようが，そこで実際に学ばれる知識の「何を（what）」と「い

かに (how)」に関する基本的性格を規定しているということである。

およそ近代学校においては，誰もが1人として逸脱することなく，しかも「同じやり方で」作業が進行すること（「標準性」），与えられた課題をほかに遅れることなくこなすこと（「同時性」），遊び（自由な活動）を疎み，上位者と下位者との支配と服従関係に順応すること（「集中（勤勉）性・権威（序列）性」）が規律を生みだす支配的価値理念として教師と子どもたちの意識に浸透し，その行動や姿勢を枠づけてきた（片岡 1994）。子どもたちは知識の習得状況を絶えず点検・相互比較されるなかで，一律のペースで進行する学習に遅れをとることを悪徳や恥として受けとめ，成績順位に基づいてあてがわれた序列をもっぱら自らの努力に帰すべきものとして甘んじて受け入れることを学んでいくのである。

こうした「画一的，没個性的，敵対的競争主義的な業績原理」というべきものに基づく規制言説は近代学校において支配的なものである。

もちろん学校では，学び合いと助け合い，平等，個性尊重といった，いわば「協（共）同的・社会的」価値に根ざす道徳的秩序の実現がめざされ，制度面でも実践面でも実際に数々の工夫と努力がなされている。

しかし，近代学校において支配的な競争主義的・個人主義的な価値は教師が子どもの成長発達をとらえるまなざしや子どもたち自身の学習観に深く浸透して，教室に安心と信頼を基調とした学び合い，育ち合いの雰囲気が生まれることを妨げる作用をもたらす。またそれは，知識の機械的記憶と再生を中心とする学習スタイルを要求し子どもたちを知的探究から疎外している教授言説（教育内容の編成および伝達を規制するルール）に根を深く下ろし，誰にも容易には動かしがたい学校知識秩序を生みだしている。以下では，このような学校知識の一般的特徴を，日本の場合における表れにも注目しつつ，詳しく見ていく。

「寄せ集めコード」としての学校知識秩序

日本の場合を含めた学校知識，とくに初等・中等教育のそれは，基本的にはバーンスティンのいう「寄せ集めコード」[1]としての性格を有してきた（バーンスティン 1985, 第2部4章）。寄せ集めコードは強い「分類 (classification)」お

および「枠づけ (framing)」をともなうものである。

　分類はカリキュラムの基本構造を示す概念である。分類が強い場合，カリキュラムを構成する特定の知識カテゴリー間には明確な境界線が引かれるのに対して，分類が弱い場合にはそうした境界線は不明確になる（バーンスティン 2000, 41-50 頁）。寄せ集めコードに基づくカリキュラムは，言語，数，自然科学，社会科学，芸術，身体文化，技術，生活科学といった指導領域ごとに明確に性格づけられた「教科」知識群を寄せ集め的に学習するように編成され，それぞれの教科ごとに今は何を，どのように行い，どんな話をすることが許される時間なのかということが教師と生徒の両方にはっきりと意識されている。

　一方枠づけは，教育実践のレベルで教師および生徒が伝達-獲得される内容に関して手にしうる自由裁量の度合いをさしている。枠づけの値が強いとき，知識の選択（いま何を学ぶか），順序（何が最初にきて，次に何が来るか），ペース配分（どの段階で，どの程度のことを確実に習得させるか），評価基準（学んだ成果をいかなる観点や方法のもとに評価するか）といったことがらに関して教育現場に与えられた選択の幅は小さく，教育活動は定式化・標準化される（同上 50-54 頁）。

　日本では文部科学省告示の学習指導要領などによって学校種や学年ごとに各教科の必修事項や標準授業時数が定められ，検定を通じて教科用図書の内容も高度に統制されているうえ，評価様式も「指導要録」という公文書によって定められているなど枠づけはかなり強く，各学校・教師がカリキュラム，教材，指導・評価方法を創意工夫する余地は総じてかなり小さいといえる。

　だがこのことは，教師-生徒関係においては教師の権力を増大させ，知識の選択，順序，ペース配分，評価基準に関して子どもが手にできる自由裁量の余地を減少させることとなる。日本でも，教師主導の質疑応答様式のもとで子どもたちには試行錯誤の余地がほとんど与えられず，即座に教師が意図した「正解」を言えるかどうかが重視される授業方式が繰り返し問題とされてきた。

　寄せ集めコードは，互いにその内容，原理，構成を異にし，日常知識とも明確に区別された諸教科の知識を万遍なく，あらかじめ定められた段階と手続きを着実にたどりつつ学習することを要請する。指導原理は知識の表層構造から

深層構造へと進む。学校生活の最終場面ではじめて、それぞれの教科を構成する知識や原理から一貫的、秩序的、既知的であるかのごとき装いが取り払われ、知識は浸透して拡大していく性質をもち、現実に対する新たな認識と変革の見通しを与えてくれるものであるという認識にいたることになる。だが、こうした段階に達する者はごく少数である。大多数の者にとって学校知識は固定的でよそよそしい体系として、その効用も不確かなままに習得を強制されるものとして経験され、知識からの疎外をもたらしている（バーンスティン 1985, 107 頁）。

「要素的学力観」に基づく競争・序列化と学校知識の抽象化・形式化の昂進

日本の学校知識は、それを学ぶ者に要素還元的、手続き的、断片的知識を収集し、記憶し、正確に再現することを強く要請する点で、教育史研究者の中内敏夫が言う「要素的学力観」（中内 1998, 95-97 頁）をともなった寄せ集めコード（＝「要素主義的寄せ集めコード」）として性格づけられよう。

要素的学力観とは「学校でいろいろ教えてくれることは、意味がわからず意義が見いだせなくても、できるかぎりたくさんとりこんでおけば、いつかは役立つかもしれない」といった知識観・学力観のことである。こうした学力観は、子どもたちにとって学ぶ意義や効能を実感しにくい、雑多で相互に関連性の見いだしにくい知識をできるだけ大量に収集し正確に記憶することを迫り、教科知識と自らの着想を結びつけて認識世界を広げ、深める機会から多くの子どもたちを疎外してしまっている。

すべての階層にとっていわば「異文化」であった西洋の科学・文化知識の大量かつ効率的な伝達を喫緊の課題としていた近代日本の学校は、子どもたちの学習状況を日常的に点検し、獲得された知識の量や程度を測定し競わせる仕組みを取り込んだ。こうした仕組みが普及する過程で、「どれだけ多くのことを記憶していて、どれだけ正確に答えられるか」といった、学校外の生活・労働世界においては人々の間に必ずしも優劣を生みださないことがらに特権的価値を付与する要素的学力観が、学校制度の担い手と利用者に浸透していく。それは教師、父母、子どもたちの意識に刷り込まれ、職業世界における将来の地位

を保証する象徴的な交換価値としての学力(=「学歴」)の価値が高まった1960年代以降には職業世界における人物評価基準にも深く浸透しながら，子どもたちの間に学力・学歴獲得競争を激化させていったのである。

　要素主義的寄せ集めコードに基づく学校知識の道徳的秩序(規制言説)は，こうした学力・学歴競争のもとに生じる序列と格差を人々に正統なるものとして受け入れることを迫る。要素的知識の獲得量と程度をめぐる競争が生みだした序列と格差は，「すべての者が同じ条件のもとで努力し，競い合った結果として生じたものだから」という論理のもとに，教師にも父母にも，そして子どもたちにも自明で正統な秩序として受けとめられるようになる。このとき，子どもたちがそれぞれに背負っている社会＝文化的背景や心理人格上の特質，それらと不即不離に形成された彼／彼女ら自身の認識・思考枠組みや育ち・学びの要求は沈黙させられる。貧困や文化的背景の違いなどによって社会的に生みだされた学習や学校生活における困難はあくまでも個人的属性としての「低学力」や「学習意欲のなさ」，「生活態度の悪さ」などとして読み替えられ，子どもたち個々の責任に帰されてしまうことにもなる。

　要素的学力観が深く浸透した日本の学校知識は，スキルや技能の相互関係や伝達に関するルール(教授言説)において，相対的に独自な性格も示している。そこでは，人間のさまざまな能力や人格的特質が有機的連関を欠いた別個の「要素」として把握される傾向が強いのである。

　このことを日本の教育目標−評価枠組みに即して見てみよう。総じて日本では，学校での学習を通じて子どもに生じることが期待される認識・行動上の変化を動的かつ構造的に把握しうる評価の仕組みが生まれにくいといえる。日本のナショナル・ミニマムである学習指導要領は，そこに指導すべき事項として並べられた内容を，何が知識の骨格として何度もなぞられるべき内容で，何が付随的知識かといった見通しのもとに関連づけて示すようなつくりには程遠い。2010年版の指導要録が定める「知識，理解」，「技能」，「思考・判断・表現」，「関心・意欲・態度」という評価観点をみても，たとえば学習の全過程において貫かれるべき「関心・意欲・態度」が「知識・理解」と分断され，「知識

が「思考・判断」や「表現」を介して深い「理解」をともなうものになっていく過程の構造的な記述を欠いたまま各観点を別個に評価するものになっている。

　学習指導要領と指導要録が定めるこのような目標・評価観点は教育現場を一律に拘束している。そうした状況では，授業はどうしても種々のテスト得点，ワークシートやノートの記入・提出状況，挙手や発言回数など目に見えて，比較の容易な指標を通じて子どもたちの一挙手一投足を監視・点検する活動を中心として組み立てられがちとなる。

3　「資質・能力」へのシフトは日本の学校知識の性格を転換したか

「ゆとり教育」諸施策による学校知識「統合コード」化の試み

　1990年代になると，日本の学校知識のこうした画一的・競争的性格の転換をもくろんで，いわゆる「ゆとり教育」路線に基づく一連の施策が本格的に打ち出されていく。これは，バーンスティンが指摘する学校知識の「統合コード」化という動向が具体化したかたちの1つである。

　学校知識が統合コードに移行すると，互いに強く分類されていた諸教科の知識は，子どもたちの「自己調節的」な学習を強調する特定の統合理念のもとに位置づけられ，相互の関連性が高まる。さらに，教室で伝達－獲得される知識の選択，順序，ペース，評価基準に関する枠づけも弱まり，子どもに与えられる裁量権は一見より大きくなる。寄せ集めコードの指導原理は知識の表層構造から深層構造へ進むが，統合コードの指導原理は学習の初期から知識の深層構造，つまり知識が創造される様式に重きをおく。そこでは子どもが獲得した知識や情報を吟味し，関連づけ，選択し，再構成しながら自らの解釈枠組みのなかに取り組み，現実世界で直面する事象の理解や問題の解決に活かすことを可能にする諸原理へのアクセスが強調される（バーンスティン 1985, 98-100頁）。

　教育課程行政による一連の学校知識「改革」の試みは，評価様式に真っ先にメスを入れることから始まった。1991年に改訂された指導要録では「観点別学習状況」欄の4つの評価観点[2]のうち「関心・意欲・態度」が新たに最重要観点として位置づけられ，「知識・理解」は一番下に置かれることとなった。

評価には教育活動における「何を」と「いかに」が凝縮的に表現されるが，教育課程行政は評価観点の優先順位変更を通じて，知識・技能の画一的指導中心の授業形態から，子どもが「自ら学び自ら考える力」の伸長を支援するそれへの転換をはかるメッセージを打ち出したのである。

　この指導要録に対応するように学習指導要領も小中学校が 1998 年に，高校が 1999 年に改訂（実施はそれぞれ 2002 年，2003 年）された。各教科の教育内容を「厳選」し「基礎・基本」に絞り込む方針に基づいて指導事項が削除または上級学年・学校へと移行統合され，2002 年からの学校週 5 日制完全実施もにらんで授業時数が大幅に削減された。さらに，現実世界，生活世界と結びついた教科横断的，体験的，問題解決的学習に取り組む「総合的な学習の時間」が新設されその指導目標や内容が各学校の創意工夫に委ねられるなど，「生きる力」を基調としてカリキュラムの統合コード化を推し進めるメッセージをはっきりと打ち出すものとなった。

　こうした学校知識の性格転換が要請された背景には，経済界からの受験学力批判と新自由主義的な学校教育の「スリム化・多様化」要求と，競争主義的・管理主義的な学習環境がもたらす子どもたちの成長発達上の困難への制度的・実践的対応の要請とがもつれ合って存在している。学校知識秩序の正統性・自明性の揺らぎが顕在化し，学校教育をめぐる利害＝関心を異にする人々がそれぞれの立場から学校知識変革の必要性を明確に意識し始めたということである。

　しかし一連の「ゆとり教育」施策が取り組んだ学校知識「改革」は，2 で検討したような，要素主義的寄せ集めコードに基づく学校知識秩序を根本的に変革するものではなく，むしろそれを無反省に温存したまま小手先の対応に終始するものであった。1991 年の指導要録改訂では，分断的な評価観点はそのままに残されて，優先順位に変更が加えられたにすぎなかった。また，「観点別学習状況」欄における「関心・意欲・態度」観点の強調が相対評価に基づく「総合評定」欄との整合性を問わずに行われたために，子どもたちの思考，感情，価値といった内面までもが日常的な評価・点検の対象となり，学力競争に加えていわば「忠誠度競争」も生みだされることになった。さらに教育課程行政は

教育現場への内容・評価様式統制の手綱をいっこうに緩めることなく，指導中心型から子どもの学び支援型への授業方式転換をもっぱら個々の学校・教師の意識変革と努力の責任に帰する姿勢をとったのである。支援型授業への転換に必要な現場の自律性確保，教師がかかえる経済的・時間的コストへの配慮，新たな授業方式に対応するための訓練機会提供などの条件整備も不十分であった。

〈ゆとり教育＝学力低下〉説と寄せ集めコードへの押し戻し

いっぽうで，この学習指導要領の告示から間もない1999年ごろから，一連の「ゆとり教育」政策が子どもたちの「学力低下」をもたらしているとする批判・告発がさまざまな方面からなされていく[3]。経済学部教授らによる「分数・小数ができない大学生」のセンセーショナルな実態告発，教育社会学者による学力の二極化や意欲格差拡大の指摘，受験方法に関して多くの著作をもつ精神科医による受験競争復活と強制的学習の仕組み強化の訴えと続く一連の〈ゆとり教育＝学力低下〉批判は，学習指導要領への人々の公然たる不信の表明というかつてない事態をともないつつ一大キャンペーンの様相を呈していく。それは中堅労働力の知的水準低下による「亡国」の危機を憂える声と結びつき，父母の間に公立学校・教師の指導力に対する疑念と私立学校受験熱を呼び起こし，ついには文部科学省内部からゆとり教育批判が行われるに至った。

一連のゆとり教育批判に対して，文部科学省は学習指導要領はあくまでも「最低必要量（ミニマム）」であるという新見解を打ち出し，テストで測定できる「旧学力」は落ちても「最終的についている学力」という観点からみれば「低下」はないと主張した。だが，その文部科学省も2003年には「基礎基本を徹底」する方向性のもとで学習指導要領の一部改訂を行わざるをえなかった。小・中学校で2008年，高校で2009年に行われた学習指導要領改訂は，「生きる力」育成という理念の維持や知識の「活用力」の向上を新たに掲げている点が特徴的だが，国語，社会，算数・数学，理科，外国語，体育の授業内容・時数増加，その一方で「総合的な学習の時間」の縮減など，全体としては学校知識を「寄せ集めコード」へと押し戻す方向性を示しているようにもみえる。

知識は〈統合〉されるものか〈寄せ集め〉られるものか

 だが，事はそう単純ではない。2017年には小・中学校，2018年には高校の学習指導要領が改訂された。この改訂では，一般的・汎用的な「資質・能力」の伸長・発揮が目標として掲げられた。「知識及び技能」，「思考力，判断力，表現力等」，「学びに向かう力，人間性等」の資質・能力は，子どもたちが教科・領域をも自在に横断する「自己調節的」な学習（「主体的・対話的で深い学び」）を強調する統合理念として働くものである。やはり，基調は「ゆとり教育」政策から続く，「統合コード」化の流れにあるのだろうか。

 確かなことは，「資質・能力」の強調は，要素的学力観に基づく学力・学歴とそれに基づく序列・格差を打開するものでは決してないということである。資質・能力を伸ばし，発揮せよという言説は，一見個人が多面的な能力を自由に発揮することを奨励しつつ，実際には属身的なものを含めたあらゆる能力・特性を動員し，組織，労働・雇用形態，知識とスキルの絶えざる再編統合をともなうグローバル化した市場への適合性・貢献性を絶えず評価し続けるものである。その伸長・発揮のための社会的・教育的条件と機会を保障しないまま，生涯にわたる競争で「それぞれのもつ力を自在に発揮せよ」とする資質・能力言説は「空虚」なものである。

 かたや，要素的学力観に基づく「寄せ集めコード」化の流れも潰えたわけではない。学習指導要領改訂前に掲げられた「教育の強靭化」の方針は事実上生き続けているのだ。一般的・汎用的な「資質・能力」育成のために必要と思われる教育内容の精選が行われるどころか，かえってその量は増大し，カリキュラムの過密化を招いている。さらに，4にみるように，学力テスト体制を強化して子どもたちを競争させ，点数の公表による心理的圧力をてことして学力の底上げと規律の引き締めを図る流れは今日も途絶えていない。日本の学校知識は，「統合コード」と「寄せ集めコード」のヤヌス的な二重性，資質・能力の伸長・発揮と要素的学力観に基づく学力獲得という互いに矛盾した方向性を抱えこみながら（山田 2016），教育における不平等と格差を拡大あるいは再生産する機能を果たしている。

4　教育成果の可視化がもたらす学校知識の二重性

　教育課程行政による学校知識の性格転換の試みは，学校知識のヤヌス的な二重性として現出している。このことは，教育成果の可視化の要請によっても引き起こされる。学力テスト体制によって，あの要素的学力観が呼び起こされ，「資質・能力」という原理に基づく「統合コード」化を阻むだけではない。一般的・汎用的能力を育てるプロセスと成果の可視化が求められるとき，教育実践には「寄せ集めコード」としての性格が付与されるのだ。

不可視な教育成果を可視化・指標化する[4]

　学校知識を学ぶ者は，その修得状況を絶えず評価される。評価が可能になるためには，教育活動を通じて得られる成果がなんらかのかたちで可視化され，個人内あるいは個人間で比較可能なように指標化されていなければならない。こうした可視化・指標化の過程を含む評価のありようは，学校知識秩序の基本的性格を左右する（たとえば[2]でみたように，知識の獲得量を測定するテストに基づく序列化は学校知識に「寄せ集めコード」としての性格を刻む）。

　ところで，教育成果なるものはそもそも「不可視」のことがらである。なんらかのことがらをひとまず教えてみるとしても，教師の頭のなかにあるものはバケツの水のごとく子どもの頭のなかへと移されるものではない。あることがらが教師の意図通り子どもたちに受け取られるとはかぎらないし，そうしたことをはっきりと確認できる手段を誰も持ち合わせてはいないのである。

　そこで，その全体もはっきりせず常に議論もあることがらのある一側面をさしあたって可視化するために，本来は流動的で不確定なもののうちになんらかの区別を生みだすべく線引きがなされるのである。この線引きが生みだす差異は常に「別様でもありうる」潜在性を有している点で本質的に恣意的で仮構的なものだが，それによってはじめて教育活動の成立・展開が可能となる。つまり諸教育機関では「合格／不合格」，「到達／未到達」，「優／劣」といった区別が絶えず生みだされ，そうした区別に基づいて作成・蓄積される評価資料は学

校の成果と子どもの学習履歴を対外的に証明する機能を果たしている。教育実践の場面に目を転じれば，教師は子どもたちのなかに「わかっている／わかっていない」，「進んでいる／遅れている」といった区別を見いだしながら見込まれる到達水準と達成度を示し，その結果をもとに自らの働きかけを反省し実践を再展開している。この意味で評価は教育活動の核であり結節点となっている。

「さしあたって」設けられた恣意的・流動的であるはずの差異は，社会的に承認された事実として固定化・実体化し，あたかも本質的な差異であるかのごとき誤認を人々のなかに生みだす力を有することにもなる。「学力の測定」を行う手段としてさまざまなテストが生みだされ，平均得点からのずれの程度を示す指標（偏差値）や「到達／未到達」を判定する基準などが設定されると，それは共通に把握可能な指標となって実体性・自明性をもつようになる。すると本来比較不可能であるはずの子ども一人ひとりの学びの過程と成果は，優劣をともなって一直線上に位置づけられることになる。

父母の学校・教師不信と数値目標の特権化

いわゆる「ゆとり教育」政策が「学力低下」を招いたとする批判（3を参照）は父母の間にも公立学校・教師の指導力に対する疑念を呼び起こしたが，こうした状況下では「学力テスト」の平均正答率向上や数値目標の掲示・達成など教育成果の可視化への要請が強まりやすい。

2000年代になって，都道府県・市区町村の各レベルでさまざまな「学力テスト」が実施されるようになり，2007年4月からは全国の小学校6年生・中学校3年生を対象とした「全国学力・学習状況調査」が行われている。

こうした学力テスト政策は，テスト結果の分析を通じて得られた情報が各学校・教師の教育活動改善に役立てられる効果（こうしたねらいは諸学力調査実施に先だってしばしば表明されている）よりも，成績結果の公表と地域間・学校間比較を通じた学校・教師の業績点検・監視体制の強化をもたらしている。

また，教育成果の説明責任を要求される学校においては，可視化されにくい力や成果の見えにくい活動が軽視され，およそ教育的妥当性をもたないものも

含めた数値・達成目標が強調されることにもなってくる。2002 年に行われた指導要録改訂から「総合評定」欄にも 4 つの評価観点に基づく「目標に準拠した評価（絶対評価）」が採用された。学校の成績評価に関するこの改訂も学校・教師に対する評価の公平性の「説明責任」を課すものとなり，子ども・地域の実態に即した創意工夫の余地をむしろ奪う結果をもたらしている。こうして，授業は学力テストに対応するための問題演習・訓練と，瑣末な点検行為の繰り返しと化す。「資質・能力」を掲げる「統合コード」は，要素的学力観と数値目標の特権化に基づく「寄せ集めコード」によって浸食されているのである。

5 学校知識改革の展望

　個人主義的・競争主義的な秩序が支配する教室と，ライフスタイルや価値の分断が進行する日常において，子どもたちは他者からも自己からも疎外されている。私たちの生活を根底から揺さぶりつつ進行している世界規模の経済的・社会的変化は学校知識の内容と伝達−獲得様式，それらにともなう道徳的秩序の正統性・自明性を揺るがし，学校教育の目的や子どもの成長発達観をめぐって人々の間に混迷と対立をもたらしている。

　これまでみてきたように，国家が主導する教育課程政策が生み出す学校知識はヤヌス的な二重性を孕みつつも，子どもを競争的な敵対関係に位置づけて分断し，要素的な学力にせよ，資質・能力にせよ，子どもたちを果てない競争に追い込み，競争を通じてあてがわれた序列や処遇を自己責任のもとに受け入れることを迫るものである。

　いま問われているのは，科学・文化知識の系統的・効率的な吸収を一義的な目的として作り出され，維持されてきた学校知識の性格転換であろう。

　2 にみたように，学校知識は，再編成される知識である。だがそれは，科学・文化知識それ自体が有している物語性を損なわず，子ども自身が科学・文化との出会いを通して自らを深く見つめ返し，境遇や価値観を異にする他者を理解し共感する力を培うものとして再編成される必要がある。

　教師たちは子どもたちのしぐさや発言，提出されたノート，作品やテストの

答案のなかに一人ひとりの育ちの過程や課題を読みとる力を磨きながら，彼／彼女たちの個性や能力が教室での学び合いと育ち合いのなかでさまざまに開花し発揮されるよう支え励している。そうした働きかけは，教科に関わる知識に対する深い理解と，時代ごとに変化する子どもの発達課題や要求を見つめつつ自らの教える知識の意味と，自らが拠りどころとする前提を絶えず問い続ける姿勢に裏打ちされていなければならない。

　教師たちの実践を支えている子どもたちの成長発達への思いと願いが，学校教育の目標や成長発達観をめぐる混迷と模索のなかで懸命にわが子の成長を願い支える父母の思いと分断されることなく，相互信頼を通じて結びつくことも必要である。

　今日では父母・地域住民の学校・教師不信の強まりと，それに便乗するかたちで目標管理と学校・教師間競争の仕組みを通じた国家の教育統制強化の動きがみられる。小手先の対応と朝令暮改を繰り返す無策を一切反省することなく，自らの改革諸施策がもたらした混乱の責任を専ら現場に帰することで体面を保とうとする教育課程行政の姿勢は許されるものではない。教育課程行政には，教師たちがやりがいと自信をもって次世代への文化伝達という困難な仕事に取り組めるような条件整備の努力こそが求められるであろう。

【本田　伊克】

注
（１）　原語は collection code であるが，訳語としてバーンスティン（1985）の「収集コード」ではなく，ウィッティ（2004）第２章の「寄せ集めコード」をあてた。
（２）　４つの評価観点自体は 1980 年改訂版指導要録から導入された。
（３）　「学力低下」をめぐる論争を概観するにはたとえば市川（2002）を参照されたい。
（４）　本節の議論に際しては久冨（2005）とルーマン（2004）に依拠した。

引用文献
市川伸一（2002）『学力低下論争』筑摩書房
ウィッティ，G.（2004）『教育改革の社会学』東京大学出版会（原著 2002）
片岡徳雄（1994）『現代学校教育の社会学』福村出版
教育科学研究会編（2006）『現代教育のキーワード』大月書店

久冨善之(1999)「学校知識の社会学・序説的考察」一橋大学一橋学会編『一橋論叢』第 121 巻 2 号,日本評論社
久冨善之(2005)「学力問題の社会的性格」久冨・田中編著『希望をつむぐ学力』明石書店
国立教育政策研究所編(2004)『生きるための知識と技能②』ぎょうせい
国立教育政策研究所編(2017)『TIMSS2015 算数・数学教育／理科教育の国際比較』明石書店
駒林邦男(1999)『改訂版 現代社会の学力』日本放送出版協会
中内敏夫(1998)『中内敏夫著作集 Ⅰ「教室」をひらく』藤原書店
バーンスティン,B.(1985)『教育伝達の社会学』明治図書(原著 1978)
バーンスティン,B.(2000)『〈教育〉の社会学理論』法政大学出版局(原著 1996)
福田誠治(2007)『競争しても学力行き止まり』朝日新聞社
山田哲也(2016)「PISA 型学力は日本の学校教育にいかなるインパクトを与えたか」日本教育社会学会編『教育社会学研究』第 98 集
ルーマン,N.(2004)『社会の教育システム』東京大学出版会(原著 2002)

考えてみよう

1. 学校で分かち伝えられる科学・文化知識が子どもの「生きて働く」力となることを妨げているさまざまな要因と,制度・実践上の課題や工夫の方向性について,「学校知識」という視角に基づく本章の議論を 1 つの手がかりとしながら考えてみよう。

参考文献 (further readings)

駒林邦男『改訂版 現代社会の学力』日本放送出版協会,1999 年
　日本の学力・評価のあり方を考える際の問題と動向を本章で採用した「学校知識」論的視点から論じている。放送大学テキストとして編集されているので独学にも適している。
中内敏夫『中内敏夫著作集 Ⅰ「教室」をひらく』藤原書店,1998 年
　質量ともにボリュームはあるが,日本の学校知識の歴史的・社会的性格を知るうえで一読を薦めたい。カリキュラムの組み立てを「教育目標・評価」論を中核として,「教材・教育施設」論,「指導過程・学習形態」論と進む構図のもとにとらえる視点も示唆に富む。
田中孝彦・久冨善之編『希望をつむぐ学力』明石書店,2005 年
　国家主導による競争を通じた「学力」水準の確保という観点から学力論議がなされる状況を打開し,現在の子どもたちの生き方への問いと学習要求を受けとめ,教育格差拡大を越えて人と人のつながりを生みだすべく学力論議の枠組みの組み換えを模索している。日本の学校知識改革への見通しを与えてくれる諸論考が結集した一冊である。

第3章　教師と生徒の関係とは，どのようなものか

1　学校の「荒れ」に「教師-生徒関係」という視角から迫る

◇郊外へ延びる私鉄電車の車窓から，その中学校の校舎は見える。
　校内に入った。線路側に面した空き教室の窓には，ガラスは一枚も入っていない。天井から割れた蛍光灯が垂れ下がっている。床に散乱するたばこの吸い殻。「○○参上」などと書かれた壁一面の落書き。枠だけ残した窓から寒風が吹き込んでいた。
◇英語の授業中，男子が突然ラジカセでロックを鳴らしはじめた。室内のざわめきを超えて，廊下に響いてきた。
　「こら，授業中だぞ」。教師が取り上げようとすると「分かった，分かった」。教師が去るとまた鳴らす。「おい」「分かったから」。その繰り返し。首からケータイをぶら下げた別の生徒が「お前もしつこいのう」とにやついた。
　このあと，2人は教室を抜け，空き教室でたばこをふかし始めた。
◇一部の生徒だけが荒れているのではない。校長は言う。「荒れた生徒は昔からいたが，いまは子どもが変わってしまった。リーダーがいない。私たちの言葉が届かない」
　2学期の中ごろ，教頭はふだんまじめな男子生徒が防火扉を何度もけっている姿を見た。「どうしたん」「いらついとんじゃ」。「何にいらついてるの」と尋ねても答えない。けりは続いた。

　これらは，2005年1月に始まった『朝日新聞』の連載記事「荒れる教室」

の第 1 回目（1 月 28 日朝刊）からの抜粋である。舞台は，大阪のある中学校。記事によれば，この学校が本格的に荒れはじめたのは，03 年春ごろからだという。つまり記事に描かれているのは，ごく近年の「荒れ」の様子というわけではない。とはいえその程度はさておき学校の「荒れ」は，それから 10 数年経った今現在でも，起きる可能性はなおあると言っていいだろう。

　こうした「荒れ」を，どのような性格のことがらとしてとらえればいいだろうか。そのことを考えるための視角はいろいろありうるが，そのひとつとして，本章のタイトルにも示されている，「教師－生徒関係」という視角をあげることができる。つまり，「荒れ」とは，教師－生徒関係のどのような問題状況としてとらえられ，またそれはこの関係に内在するどのようなファクターがもたらすものなのかを考えるという視角である。

　本章では，この教師－生徒関係という問題視角がどのようなものなのかを説明し，「荒れ」という状況に対するこの視角ならではの独自の切り込み方がどのようなものになるのかを示していきたいと思う。

2　教育活動の前提としての教師-生徒関係

　教育社会学のある事典（日本教育社会学会 1986）には，「教師＝生徒関係」という項目が立てられていて，そこでは冒頭，「学校教師と，その指導を受ける生徒との間の対人的相互作用の関係」と，この言葉の定義が示されている。

　この項目の説明によれば，「学級における教授・指導活動は，このような教師＝生徒関係のなかで具体的に展開される」という。これは，重要な指摘である。このことを筆者なりの言葉で言いかえれば，"教師－生徒関係は教育という活動がなされるための前提である" ということになる。

　では，"教師－生徒関係は教育という活動がなされるための前提である" とはどういう意味だろうか。このことについて，英国の社会学者 B. バーンスティンの論を参考に考えてみたい（バーンスティン 2000a, 2000b, 参照）。

　バーンスティンが教育について論じる際の最重要キーワードは，「ペダゴジー (pedagogy)」である。バーンスティンは，ある箇所でこの言葉を，「行動,

知識，実践，規準の新しい形，ないし今より発展した形を，ある者が，適切な提供者であり評価者であるとみなされる他の者から（ないし何事かから）獲得する，持続的な過程」と定義している（バーンスティン 2000a，16頁）。この定義だと「獲得」する者が主語になっているが，通常ペダゴジーという言葉は，「提供」する者のほうを主語にして用いられることが多いように思われる（バーンスティンも，他の文脈ではこの言葉をそのように用いている）。だとするとペダゴジーとは，獲得するのが望ましいとされていることがらを他の人に獲得させようとする働きかけが，その働きかけを行うのにふさわしいとみなされている人によってなされる場合の，その持続的なプロセスであるということになるだろう。バーンスティンは，そうしたペダゴジーを，教育が行われている場だと通常目されている学校などにおいてだけではなく，なんらかの文化が生みだされ伝えられていく際に広く見いだされる一般的なできごとであると考えている。

　バーンスティンはさらに，ペダゴジーを通じて伝えられることがらを「ペダゴジックな言説」と呼び，それはその元になっていることがらそのものではないことを強調する。たとえば，学校教育の場で物理学を教えようとする場合，教師は生徒に，物理学の研究そのものを経験させるわけではなく，教育向けになんらかのアレンジを施したうえで，物理学に関する内容を教える。このように教育向けに内容上のアレンジされたその中身のことを（あるいは，そのアレンジを行う際の規則のことを），バーンスティンは「教授言説」と呼んでいる。

　バーンスティンはまた，ペダゴジーは，それにふさわしい一定の秩序性を帯びた社会関係のもとで行われることを指摘する。そしてその秩序の性格も，ペダゴジーを通じて伝えられることがらに対して影響を及ぼす。そのようにペダゴジーが一定の社会関係のもとで行われていることから相手に伝わることがらを（あるいは，そのように伝わることがらを規制する社会関係の編成の規則を），バーンスティンは，「規制言説」と呼んでいる。バーンスティンは，ペダゴジーを通じて伝えられることがらの全体のあり方は，むしろこの「規制言説」によってこそ，先の「教授言説」以上に左右されるのであり，そのような意味で「ペダゴジックな言説」とは，「規制言説」に埋め込まれた「教授言説」なのだと

している。

　このようにバーンスティンは、誰かが他の者に何かを獲得させようと働きかける際、そこに築かれる両者の間の社会関係のあり方がどのようなものであるかによって、その働きかけのプロセスがどのように進行するかが大きく左右されると述べている。こうしたバーンスティンの把握を妥当だと考えるならば、それは、先に述べた"教師−生徒関係は教育という活動がなされるための前提である"という認識の裏づけとなると見ていいだろう。つまり、学校教育のペダゴジーにおいて、そのペダゴジーを展開する際に構築される教師−生徒関係のあり方が、その展開にとって前提的・規定的であるとの認識が、バーンスティンの議論から導き出されるのである。

③　教師−生徒関係の成立の原理的困難

　②の冒頭でも引いた事典（日本教育社会学会　1986）の「教師＝生徒関係」の項目では、教師−生徒関係は、「教師と生徒が制度的に規定された地位に基づいて、教え＝教えられる役割の相補関係から成り立っている」と述べられている。この文章はさらに、そうした「相補関係」はけっして安定的に成立し固定的に存続するものではなく、その様相はダイナミックに変化し、場合によっては破綻しかねないものであることも示唆している。③では、教師−生徒関係のこうしたヴァルネラブルな（脆弱でこわれやすい）性格について考えていきたい。

「ペダゴジー」にともなう教師−生徒関係の困難

　この点について、まずはドイツの社会学者 N. ルーマンの教育についての社会学的考察に依拠しながら考えてみる[1]。

　ある人間に対する教育的な働きかけがなされるとして、その働きかけを受けとめるのは主要には、ルーマンの言葉でいう、その人間の「心的システム」だということになるだろう。心的システムとは、人間の心理的なプロセスの動態のことである。ルーマンの人間のとらえ方は独特であり、彼によれば人間とは、有機体システム、免疫システム、神経生理学的システムなど、相互に依存し合

ってはいるが，しかしそれぞれ独立した複数のシステムからなっているという。心的システムは，そのように人間を構成する諸システムのうちの1つである。

　ルーマンによれば，心的システムは，その要素である「思考」が生まれるとたちまち消滅し，しかしその思考を受けて次の思考が生まれるということが絶えることなく継起することによって存続するシステムである。もちろん，ある人間の心的システムは，他者や，その人間と他者とのさまざまなかたちでの交渉によって営まれる社会生活（教育もそのなかに含まれる）なしには存立しえない。ただ，心的システムは，そうした他者や社会生活という，このシステムにとっての「環境」に当たるものからさまざまな刺激を受けるが，その刺激をどのようなものとして受けとめるかは，このシステムが思考のどのような継起によってこれまで存続してきたかによって決まってくる。またその刺激を受けて生まれるのは，やはり思考というこのシステムの要素である。そのような意味で心的システムは，「オートポイエシス・システム」（自己創出するシステム）なのである。

　心的システムは，そうした環境との接触を通じてさまざまな影響を受け絶えず変化をとげていく。ルーマンは，そのことを「社会化」と呼んでいる。ただしこの影響をどのようなものとして経験するかは，上記のように基本的にシステムの側の事情によって決まることを，ルーマンは強調する。すなわち，社会化は基本的に「自己社会化」なのである。

　ルーマンは，教育とは，人間の心的システムのこうした自己社会化を特定方向に方向づけようとする営みであるととらえる。しかし，教育もまた，心的システムにとっては環境である。したがって，その方向づけがどのように受けとめられるかは，基本的に受け手の側次第なのである。

　ルーマンは，教育のこうした性格のことを，「技術欠如」という言葉によって表現している。つまりルーマンは，教育とは，教える者が，教えられる者との間のコミュニケーションの時々の文脈のなかでのアド・ホックな対応によってやり繰りせずとも，この場合はこれを適用すればいいとあらかじめ定式化されているやり方（＝技術）に依拠してすすむということがなかなかできない，そ

うした技術がそう多くは発達していない，技術欠如な営みだと考えている。

　このように考えていいとすれば，教えられる者の自己社会化を方向づけようとする営みである教育は，それを相手がそうした方向づけの刺激として受けとめてくれるかどうかが，そもそも不確実な営みだということになろう。つまり，教師－生徒関係とは，まずはこのような意味で，原理的に不確実で，破綻の可能性を絶えずはらんだ関係であるのだ。

　教育のこのような不確実性は，それが，人間の心的システムというシステムの，そもそも外からの方向づけが不可能な自己社会化をなんとかして方向づけようと働きかける営みであることから生じてくるものである。こうした働きかけは，バーンスティンの言う「ペダゴジー」に当たるものである。したがって，学校における教師－生徒関係は，第1に，そのようなペダゴジー一般に孕まれた上記のような困難をともなっているということがいえる。

　しかし，教師－生徒関係が孕んでいる困難は，そうしたペダゴジー一般の困難に由来するものにとどまらない。そのことを，次に見ていきたい。

〈教育〉の誕生

　前近代の時代，子どもは，自分が所属する共同体の大人世代と基本的に同型の大人に成長すればよかった。この時代の子どもから大人への人間形成は基本的に，子どもが，教師や親といった特定の大人だけにかぎらず周囲の大人全体を観察し模倣することを通じて，所属する共同体のなかで生きていくのに必要なことがらを身につけるという形で進められた。当時は，必ず身につけなければならないことが，おもてにあらわれた行動様式など子どもにとってわかりやすいものが中心だったので，子どもがそれらを模倣して習得することは比較的容易だったのである（リースマン 2013）。

　それは，先に引いたルーマンの言葉を用いるならば，前近代に子どもが大人へと成長するプロセスは，基本的に子どもの側の文字通りの自己社会化として進められていたということを意味する。もちろんそういうなかでも，子どもの自己社会化を方向づけようとする大人のなんらかの働きかけは，つまりペダゴ

ジーは存在しただろう。しかし当時のペダゴジーは，組織立ったものではなく，基本的に社会生活上のさまざまな活動と未分化でそれらに付随するかたちでなされるものだった。

　ルーマンが述べているように，社会化は，社会生活上のなんらかの経験にともなって必ず生じるものであり，それが生起する舞台である社会生活のコンテクストに強く依存したものとなる。そのため，前述のように人がどのように社会化されるかは原理的にはその人の心的システムの側の事情によって決まるのではあるが，実際のところは，その人がその社会生活に適応できるような方向で，したがってそのコンテクストを前提視し受け入れる方向でなされることが多い。そのことはとりわけ前近代の時代にはよく当てはまり，その結果この時代の子どもから大人への人間形成は，前述のように既存の大人世代と基本的に同型の大人が再生産されるという形で，子どもの側の自己社会化として進行していたのであり，ペダゴジーはあまり高度に発達することはなかった。

　それに対して近代においては，ペダゴジーを組織化した，ある特殊な社会領域が成立する。ルーマンの言葉を用いるならば，人間形成の営みが「教育システム」として「分出」をとげたということである。

　ルーマンによれば，こうした教育システムの分出は，社会が近代へと移行していくことと密接にかかわる事態であった。ルーマンによれば，この移行とは，「成層的分化」が優越した社会から「機能的分化」が優越した社会へと変化していくことを意味する。すなわち，ヒエラルヒー的に序列づけられた諸階層（たとえば聖職者・貴族・農奴など）への分化によって全体的秩序が成り立つ社会から，諸機能（たとえば経済・政治・法・宗教・教育・学問など）ごとの部分システムへの分化によって全体的秩序が成り立つ社会への変化である。

　後者において人は，どの階層の生まれかによってそのあり方が決まる社会生活にそのまま適応するだけではすまなくなる。主要には職業というかたちでなんらかの機能システムにおいてその人なりの役割を担いつつ，成層的分化の社会においてそうであるように出自のいかんによって人生の大筋が決定されているというのではない，その意味で不確定な人生を歩まなければならなくなるか

らである。ここに，出自に拘束されない不確定な人生を歩む者として受け手をみなしつつなされる，新しいタイプの人間形成の様式が登場することになるのである。

　以下では，近代になって登場した，こうした特殊なタイプの人間形成のための行為を，〈教育〉と表記することにする（他の論者の言葉を引く場合は除く）(2)。〈教育〉の諸行為は上記のように，ルーマンのいう教育システムを構成している。それらは，バーンスティンのいうペダゴジーというかたちをとって表れるが，しかしペダゴジーがすべて〈教育〉なのではない。上記のような特徴を帯び教育システムに所属する特殊なペダゴジーが〈教育〉なのである。

〈教育〉にともなう教師−生徒関係の困難

　ルーマンは，教育システムの分出は，「学校の設置と経営を前提とする」（ルーマン 2004, 160頁）という。つまり，人間形成の営みの教育システムとしての分出は，学校という制度の構築と相即しているということである。

　ただしより精確にいえば，学校は，人類史上非常に古く，すでに古代から存在してきたといわれている。だが，近代以前の時代の学校は基本的に，僧侶・官僚など特定身分の後継者を，見習いの方法を用いつつ養成する職業養成機関だった。そこで行われていたのは，上述の〈教育〉とは異なる。〈教育〉の場として登場した特異な学校は，「近代学校」と呼ばれる（中内 1998, 70頁）。この近代学校の成立が，教育システムの分出と相即しているのである。

　近代学校のもとで，教師−生徒関係は，文字通りの教師−生徒関係として現れ出る。それは次のような意味である。

　教育史研究者の宮澤康人によれば，近代以前の学校ではたとえば，「教師がラテン語のテクストを読む作業をする。あるいは文字を使って文書を作る書記の作業をする。それを生徒が傍で見て手伝いながら，読むこと書くことを身につけていく」。したがってそこでは，教師はなによりまずテクストにかかわる仕事を職業とする者であり，生徒はその仕事の後継者であり，両者の間にはその仕事を実地で行いつつなされる，「同じ仕事を共有する先達と後輩」の間の

「後継者見習い」のプロセスが展開していたのである（宮澤 2011, 29頁）。これに対して，近代学校の教師は基本的に，教えることそのものを職業とする，文字通りの教師である。生徒も基本的に，教師のその教える仕事を見習うわけではない，教師が教えようとしている内容を獲得することを目標としている，文字通りの生徒である。このことがつまり，教師−生徒関係が文字通りの教師−生徒関係として現れ出るということである。

しかし，そのように文字通りの教師−生徒関係として純化した関係においては，かえって教え−教えられるということの成立が難しくなってくる。つまりこの関係において教師は，近代以前の学校の教師−生徒関係や，あるいは徒弟制の親方−徒弟関係とは異なって，「学習の強力な動機づけになるはずの職業共有の意識を子どもに期待でき」ず，また「人間にとっていちばんなじみやすい見習いという学習形態」を利用しにくい「悪条件」の下（同上, 28頁）におかれることになる。生徒の学習の動機づけの調達や，教える方法のうえでの難しさに，教師は晒されることになるのである。これは，先に見たペダゴジー一般の困難ではなく，ペダゴジーが〈教育〉としてなされることに孕まれた困難である。

4 教師−生徒関係成立の原理的困難はどのように補償されてきたか

以上のように3では，ペダゴジーおよび〈教育〉の基本的な性格に由来する，教師−生徒関係の成立の原理的な困難性について述べてきた。しかし，そうした困難性が教師−生徒関係の現実の破綻となって現れることは，いくつかのレベルの仕組み・やり方が生みだされ作動することを通じて，たいていの場合なんとか回避されてきた。そうした仕組み・やり方とは，そのすべてを網羅しているわけではないが，以下で述べるようなことである。

「教師」「生徒」のポジションの社会的承認

3の冒頭に示した事典（日本教育社会学会 1986）からの引用文にもあるように，教師と生徒とは，それぞれ「制度的に規定された地位」として社会的に承認を得ている。つまり，教師は教師として，生徒は生徒として，社会的に目され，

それにともなって，双方各々はそれぞれ自分を教師として，生徒として自己認知するようになり，また互いに相手のことを教師として，生徒としてみなし応じ合うことを当然視するようになる。学校教育が就学義務制をとって施行されるようになると，この承認には法制的な裏づけもともなうことになる。

こうした教師・生徒のポジションの社会的承認は，ルーマンの言葉を用いれば，双方の間の「非対称的な役割構造」の承認をも意味する。すなわち，「権威と状況管理と発言時間を，教師にとって圧倒的に有利になるように非平衡化」された教師－生徒関係のあり方が，承認されることになる（ルーマン 2004, 144頁）。もちろん，それによって常に教師－生徒関係が安泰となるというわけではないことは，1で見た日本の学校教育の状況からも明らかだ。だが，圧倒的に多くの生徒は，とりあえずは学校に通い授業も受けている。どんなに子ども・若者に人気があるテレビ番組でも，視聴率が50％を超えることはほとんどない。それに比べれば，ほとんどの生徒が学校に通い授業を受けている，それだけでも「すごいこと」だといわなければならない（苅谷 2005, 33頁）。

これは，教師・生徒のポジションの，「正当性」の承認はともかく「正統性」の承認はなされているということである。つまり，教師が教師として敬意を払われその指導を円滑に行うことができるとか，生徒が生徒として教師の指導に自ら進んで服するといった状況はないとしても，教師を教師として，生徒を生徒として資格づける社会的な規則体系が存在していて，自分たちがその適用範囲内におかれていて，それに沿って振る舞わないかぎりなんらかのマイナスのサンクションが与えられかねない，そういう認知だけはなされているのである[3]。

ペダゴジーおよび〈教育〉における「選別」，それの人材配分機能への連動

人間の自己社会化を方向づけようとして働きかける営みであるペダゴジーや，その特殊形態としての〈教育〉は，働きかけようとする相手のありようや，働きかけに応じてなされる相手の学習活動に対して，よい／悪いという評価を加え，それらを是認したり修正を求めたりすることを含んでいる。ルーマンはそれを「選別」と呼んでいる。このような選別は，ペダゴジーおよび〈教育〉の，

取り去ることのできない本質的構成要素といっていい。

　生徒は，こうした選別において自分がどのように評価されるかを気づかいつつ，学校場面で振る舞っている。とくに，生徒は，教室でほかの生徒から知覚される状態で〈教育〉を受けているため，自分がどのように選別されるかにかかわってほかの生徒が向けてくるまなざしにも気づかいや関心を向けなくてはならない。

　さらに前述のように，学校教育は近代社会において，その社会の原理である機能的分化にとって必要なタイプの人間形成＝〈教育〉を行う制度として普及していった。学校教育制度は，この必要に応じるために，機能的に分化したさまざまなシステムを営む諸組織へと人間を人材として配分する役割を担うことになる。この役割もまた，教育システムが行う上記の選別のはたらきとして遂行される。それは，典型的には「学歴」というキャリアを生みだす選別である。

　そうした学校教育制度が人材配分機構として行う選別と上記のペダゴジーに内在した選別とは，別物ではない。両者は，連動して「選別のネットワーク」（ルーマン 2004, 79頁）を成し，教育システム内に埋め込まれている。連動していることによって，後者の意味合いが，生徒によってより重いものとして受けとめられることにもなるのである。

「かくれたカリキュラム」としての学校の制度的秩序

　〈教育〉をなすべく編成された「コミュニケーション」の「システム」は，一定の秩序性を帯びた1つの制度をなす。この制度的秩序は基本的に，教師－生徒，生徒－生徒の多面的なコミュニケーションが〈教育〉のためのそれとして進行するように，その「複雑性」を「縮減」されることによってできあがったものである[4]。先の選別にまつわる秩序も，その一環をなしている。

　この制度的秩序は生徒たちにとって，学校場面を生きる以上はそこに適応すべき環境である。したがってそこでは，生徒たちの，そうした適応のための社会化が生じることになる。ルーマンは，こうした文脈で「かくれたカリキュラム」にかかわる議論にも着目している。つまりルーマンは，学校内のコミュニ

ケーション・システムが帯びた制度的秩序の，そのような生徒の社会化を促す作用をとらえて，それを「かくれたカリキュラム」としている。

さまざまな「因果プラン」の開発

前述のように教師は，生徒のオートポイエティックな変化＝自己社会化を，「技術」的にコントロールすることはできない。そういうなかでも教師は，生徒とかかわり，状況に応じた適切なやり方を見いだそうと手探りの試みを続けていく。ルーマンは，そうした試みのことを「アクラシア」と呼んでいる (cf. 田中他 2004, 19頁)。教師の行うペダゴジーには，こうしたアクラシア的性格が抜きがたく絡みついている。

だがその一方で，教師は，そうした手探りの経験を通じて，"こういうときにはこうすればいい"という「図式」(ルーマン 2004, 44頁) を生みだし蓄積してもいく。ルーマンは，そのような図式を「因果プラン」と呼んでいる。それは，教えたことが刺激となって学びが発生することにかかわる，その教師なりの主観的に想定された因果性を示すものである。だが，それが指し示す通りに事が進むかどうかは，教師本人の特性や相手にする生徒の特性など，その時々の特殊な状況的ファクターに左右されるところが大きく，確実なものではない。

とはいえ，教師各人による検討や複数の教師による相互検討を通じて，ある程度の汎用可能性をもった因果プランを編みだすことはできるはずだし，実際そうした試みがなされてきた。だとすれば，そのような因果プランもまた，教師－生徒関係の原理的困難を補償する仕組みの一環であるといっていいだろう。

教師と生徒の間のコミュニケーションのレベルでの密なかかわり

教育システムにおいては，教師と生徒の間で非常に密度の高いコミュニケーションがなされる可能性がある。教育システムにとってそのことがもつ意義は，ルーマンも強調している点である。つまり，教師－生徒間のコミュニケーションは，その密度の高さによって，生徒のオートポイエティック・システムに対する継続的な刺激となり，教師は，そのペダゴジーの前述の「技術欠如」的性

格にもかかわらず，自分が意図する方向に生徒の自己社会化を方向づける可能性を得ることになる（ルーマン 1995, 230 頁）。

　本章の冒頭で紹介した新聞の連載記事ではこのあと，この中学校に「ひげ先生」というベテランの先生が転任してくる。ひげ先生は，転任直後，再び学校の窓ガラスが割られ，職員室の机が落書きで埋め尽くされたのを見て，それは「かかわってほしい」という生徒のサインかもしれないと解釈する。そう解釈したうえで先生はさまざまなやり方で生徒との密なかかわりをもとうと試み，それと並行して状況が徐々に好転していく様子が，以後の連載のなかで描かれている。こうしたひげ先生のやり方は，上述の教師による生徒との密度の高いコミュニケーションの構築ということの典型だといっていいだろう。

　以上 4 では，教師－生徒関係の破綻回避の効果をもたらす仕組み・やり方として，5つのことを述べてきた。最初にあげた，非対称的な構造を備えた教師－生徒関係の正統性の承認が，2つ目以下の事項が効果を発揮しうる前提であると同時に，後者によって前者がいっそう確実なものとなることが，教師－生徒関係がその破綻から免れ安定化していくという事態をもたらすと，大まかにはそのように考えることができるだろう。こうした仕組み・やり方が首尾よく機能するとき，教師－生徒関係の破綻が回避されるにとどまらず，そのもとでなされるペダゴジーおよび〈教育〉が生徒の自己社会化に対して非常に強力な影響力を及ぼすようになることもあるのである。

5　「荒れ」はどのようにとらえられるか

　ここまで 2 ～ 4 を通じて，教師－生徒関係という視角がどのようなものなのかを示してきた。簡潔に要約すれば，ペダゴジーや〈教育〉の前提として教える者と教えられる者との間の関係が存在しているととらえ，その関係が破綻することなく再生産されペダゴジーや〈教育〉が遂行され続けることはいかにして可能なのかを見ていく視角ということになるだろう。

　では，このような視角をとったとき，1 に紹介した「荒れ」は，どのような

性格のことがらとしてとらえられるのか。そのことを，この章の最後の節で考えてみたい。

今日の「荒れ」とはなんなのか

 4の末尾で，本質的に脆弱性を孕んだペダゴジー・〈教育〉が，むしろ絶大なる効果を発揮する場合があると述べた。しかし今日，ペダゴジー・〈教育〉がそのような絶大なる効果を発揮するどころか，1でふれたような「荒れ」の見られる状況がある。だが，ここまでの議論に従うならば，それは，ありえないひどい状況であるということはできない。むしろ，あって不思議でないことなのだ。教師‐生徒関係やそこでなされる〈教育〉が，そうした状況に陥ることなくスムーズに展開するとすれば，そのほうがむしろありえないことが起きていると見たほうがいいかもしれない。上の見出しの"今日の「荒れ」とはなんなのか"という問いに対して，私はまずはこのような回答を提案してみたい。

 回答をさらに続けよう。発達心理学者の浜田寿美男は，1で取り上げたのと同じ記事を引用して，それを子どもにとっての学校の「リアリティ」の問題として解釈している。浜田は，近年の「荒れ」を子どもたちの「忍耐力」の欠如に原因を求める見方を批判し，いまの子どもも「忍耐に値すると思える対象」があれば我慢して努力するのであり，問題は，学校が今の子どもたちにとってそのような意味のある，「リアリティ」を感じさせる場となっていないことだとする。そのうえで，いまの子どもたちにとっての学校のリアリティとは，現実的なところでは本章で先に述べた学校教育制度が人材配分機構として選別を行っているということであり，その選別による将来の保証を期待できない子どもたちにとっての学校のリアリティのなさこそが「荒れ」にもつながっているという趣旨の見方を提示している（浜田 2005, 108-114頁）。

 こうした浜田の見方に，私も基本的に賛成である。ただ1つおさえておくべきなのは，浜田が言うように学校に対してリアリティを感じられない生徒が生みだされるというのは，ごく最近に特有な事態ではないという点である。それはむしろ，教育システムがこれまでずっと構造的にかかえてきたアポリアなの

だと見たほうがいいだろう。つまり，教育システムは，システム内部で生徒たちを選別し，その結果に従って労働市場を経由して社会の諸機能システムへと人材を配分していく。しかし，すべての者に確実に，諸機能システムを担う職業を割り当てられるとはかぎらない。この割り当てから排除される誰かが，必ずといっていいほど出てくることになる。自分は教育システムから卒業した後いい仕事にありつけそうにないと予測する者，あるいはその前段階として自分は教育システム内部で良きキャリアを積むことが難しいと予測する者からは，学習の動機調達が難しくなる——このようなアポリアである。教育システムは，しばしば，排除される者たちが，自ら進んでシステムから離脱していくのだと思い込んで，すなわちブルデューら（1991）の言う「自己排除」をして，システムのスムーズな運動を脅かすことなく排除されていく——そうした排除を行うことによって成り立っているのである。

今日，学校の就職保証力が以前に比べて格段に低下してきている。そのことによって教育システムは，そのようないわば「おだやかな排除」（ブルデューら 1991, 201頁）を行うことが以前よりも難しくなってきている。が，そうした状況は，教育システムとそのもとでの教師-生徒関係にとってまったく新しい事態だというわけではなく，上記のようなそれらが常にかかえてきた構造的アポリアがより鋭いかたちで顕現している状況なのであるととらえたほうがいいだろう。

【長谷川　裕】

注
（1）ルーマン（1995, 2004），など参照。また，ルーマンの教育論の研究書である，石戸（2000），田中他（2004），なども参考にした。
（2）人間形成のための行為として，近代になってその独特なタイプが誕生したと考える論者は，ほかに，フランスの社会史家P. アリエス，教育史研究者中内敏夫などがいる。文献としては，アリエス（1992），中内（1998），など。
（3）「正統性」という言葉の含意のこのようなとらえ方は，フランスの社会学者P. ブルデューのそれに依っている。ブルデュー（1990）など参照。
（4）「複雑性」「縮減」はルーマンの言葉。「複雑性」とは，さまざまにありうる可能性というような意味である。それらの可能性のうちの特定のものだけが発現するように

「縮減」されることによってシステムというものが成立すると，ルーマンは考える。なお，「コミュニケーション」とはルーマンによれば，どのような「情報」をどのように「伝達」しそれがどのように「理解」されるかという，3つの局面における選択を結合したプロセスであり，教育システムをはじめとするさまざまな社会システムの基本的な構成要素である。

引用文献

アリエス，P.（1992）「教育の問題」『「教育」の誕生』藤原書店（原著 1972）
石戸教嗣（2000）『ルーマンの教育システム論』恒星社厚生閣
苅谷剛彦（2005）『学校って何だろう 教育の社会学入門』ちくま文庫
田中智志・山名淳編著（2004）『教育人間論のルーマン 人間は〈教育〉できるのか』勁草書房
中内敏夫（1998）『教育思想史』岩波書店
日本教育社会学会編（1986）『新教育社会学事典』東洋館出版社
浜田寿美男（2005）『子どものリアリティ 学校のバーチャリティ』岩波書店
バーンスティン，B.（2000a）「オフィシャルな知識と〈教育〉的アイデンティティ」一橋大学〈教育と社会〉研究会『〈教育と社会〉研究』第10号（原著 1999）
バーンスティン，B.（2000b）『〈教育〉の社会学理論 象徴統制，〈教育〉の言説，アイデンティティ』法政大学出版局（原著 1996）
ブルデュー，P.（1990）『写真論 その社会的効用』法政大学出版局（原著 1965）
ブルデュー，P.，パスロン，J-C.（1991）『再生産 教育・社会・文化』藤原書店（原著 1970）
宮澤康人（2011）『〈教育関係〉の歴史人類学 タテ・ヨコ・ナナメの世代間文化の変容』学文社
リースマン，D.（2013）『孤独な群衆』上・下 みすず書房（原著初版 1950）
ルーマン，N.（1995）「教育メディアとしての子ども」森田尚人他編『教育学年報4 個性という幻想』世織書房（原著 1991）
ルーマン，N.（2004）『社会の教育システム』東京大学出版会（原著 2002）

考えてみよう

1. 本章では，学校の「荒れ」の原因や性格について，ある1つの見方を提示してきた。それがどういうものなのかを読み取ったうえで，それとは異なる見方としてどのようなものがあるかを考えてみよう。
2. こうした「荒れ」に対してどのような対応（対症療法的なものから抜本的なものまで）がありうるのかを複数考えてみて，それらの長所・短所や実現可能性を比較検討してみよう。

3. 教師と生徒との直接的な対面がまったくなく（たとえば、すべてをEラーニングなど種々の電子メディアを活用したペダゴジーに完全に置き換えてしまうなど），人間がものごとを教えたり学んだりすることはできるか否か、できるとすればあるいはできないとすればその理由はなぜかを考えてみよう。

参考文献 (further readings)

N. ルーマン『社会の教育システム』村上淳一訳，東京大学出版会，2004年（原著 2002年）
　著者のルーマン（1927-98）は，「システム」という概念をキーワードにして社会をトータルに描き出そうとした社会学者。社会理論の世界で，その影響力はとても大きい。教育についての著書も多いが，日本語に翻訳されたものはわずかで，本書はそのうちの1つ。社会システム論の立場をとる・とらないにかかわらず，教育について原理的に考えるうえで示唆に富んでいる。

B. バーンスティン『〈教育〉の社会学理論　象徴統制，〈教育〉の言説，アイデンティティ』久冨善之他訳，法政大学出版局，2000年（原著 1996年）
　バーンスティン（1924-2000）の著書の邦訳はいくつかあるが，本書はそれらのなかでもっとも，「ペダゴジー」についての彼の理論の全体像がよくわかる内容になっている。その理論の骨子とともに，その理論に照らすと現代のペダゴジーの実態がどのように分析されるかなどが，本書では示されている。

P. アリエス『〈子供〉の誕生　アンシャン・レジーム期の子供と家族生活』杉山光信他訳，みすず書房，1980年（原著 1960年）
　著者のアリエス（1914-84）は，近代という時代の訪れにともない人々の日常生活がどのように変化していくかをとらえようとした社会史研究者。本書は，子ども観・学校・家族が近代的なものに変化していく様を描き出すことをテーマとしているが，そのなかで〈教育〉なるものの誕生についても論じており，注（2）にあげた文献とともに，その点でも重要な文献である。

第4章 学校教師とはどのような存在か

1 教師と教員

見果てぬ暗黒の大陸

　学校教師という存在は，私たちにとってはとても身近なものである。自分の人生を振り返ったとき，学校教師との思い出がまったくないという人はほとんどいないだろう。とくに，教職をめざす者にとっては，これまで出会った学校教師は（良いものであれ悪いものであれ）「重要な他者」（ミード 1973）として，1つのモデルを提供しているだろう。しかしながら，「教師−児童・生徒」という関係を離れて当時の担任と話をするなかで，「先生はそんなことを考えていたんだ……」と，自分の思いのいたらなさを反省することもしばしばである。

　このように，「学校教師がどのような思いでその仕事と生活とを営んでいるのか？」，さらに「学校教師の仕事がらの独自性やその存在の特質とは？」ということになると意外とわかっていないことが多く，その世界は「まだ見果てぬ暗黒の大陸の一つ」（中内・川合 1974）と呼ばれることもある。

社会的・制度的存在としての学校教師

　学校のいわゆる「先生」をさす言葉として，「教師」と「教員」という言葉がある。前者が，教える者としての働きに着目しているのに対して，後者は，社会的・制度的存在に焦点を当てている。「教師」は，学校教師にとどまらず，「家庭教師」「ピアノ教師」というように，ある知識・技能を教える者全般に対して用いられる。一方で，「教員」という言葉は，学校教師以外に対して用いられることはほとんどない。「教員」の「員」は，ある組織に加わっている人，

組織のなかで何かの役や係をもつ,一群の人々をさす。すなわち,「教員」とは,「学校」あるいは「近代学校教育制度」という組織のなかで社会的に「教える役割」を担う一群の人々をさす。

　近代学校制度が整備され,学校が創られたとしても,それを担う教師がいなければ始まらない。実際,近代学校が国民子弟の大多数を就学行動へと巻き込み制度として定着するためには,大量の学校教員が必要となる。平成28年度の『学校基本調査』によれば,全国の教員数[1]は約115万人であり,全就業人口の約1.8％にあたる。この数は,同年度の看護師の123万6千人とほぼ同じだが,伝統的専門職とされる,医師・歯科医42万4千人,裁判官・検察官・弁護士4万人に比べてかなり大規模である。

　また,彼らが働く職場においても教員は,全教職員の8割と圧倒的多数を占めている。学校は「強固で組織的な教師集団を支配階級に戴いた,少数者専制体」(ウォーラー 1957, 24頁)であり,「学校といえば教師」というように,教員はまさに「学校制度の代理人(agent)」としての様相を呈し,さまざまな教育問題が取り上げられるごとに,その批判の矢面に立たされる。また,どのような教育改革も教員の日常的な仕事を通してしか実現されないのであり,その意味で教員たちは学校制度の実際的あり方を決めるほどの力をもっている。

　このように見てみると,「教員」とは,巨大な社会層を形成し,強力な制度的存在であるといえるかもしれない。しかし,次に見るように学校教師という存在は実にあぶなっかしい不安定な面も併せもっている。

2　学校教師のかかえる困難

　ハーグリーヴス (Hargreaves 1980) は近代学校の教師のかかえる課題群を「関係課題 (the relational theme)」「地位課題 (the status theme)」「能力課題 (the competence theme)」の3つに整理している。

関係課題

　「関係課題」は,教師がその仕事を行ううえで取り結ぶ社会関係の構築・維

持にかかわる。教師の仕事は，児童・生徒に何かを教えることを中核としているが，そのためにも児童・生徒とそれにふさわしい関係をつくる必要がある。ほかにも保護者・地域の人々，職場の同僚・管理職や教育行政との関係など，その仕事を行うためにさまざまな社会関係を構築し維持することが求められる。

　それらのうち，児童・生徒との関係がもっとも重要である。「教える」という仕事は，「子ども相手なのだから誰にでもできる」と考えられがちであるが，必ずしも勉強を好んでいるわけではない30〜40人の児童・生徒を学習に集中させるのだから，その苦労には並々ならぬものがある。学校現場に足を運び授業を参観すれば，教師たちがいかに子どもたちにわかりやすく教え，また学習規律を維持することに腐心しているかわかるだろう。そのためにも，教師には児童・生徒に対する特別の「権威」が必要なのだが，その「権威」とて「別に先生には関係ないでしょ」といった何気ない児童・生徒の言動に常に脅かされている。それゆえに教師は「権威」の維持に敏感であり，たとえば教育実習生を「〇〇先生」と呼び，児童・生徒にも同様の指導をし，相互に「権威」の維持に努めている。

　次に，保護者との関係についてだが，今日では，「モンスター・ペアレンツ」という言葉が生まれるほど，保護者との関係は難しくなっているとされる。保護者も教師もともに子どもの幸福を願っているものの，そこには根本的な対立があるという。それは「親にしてみれば，子どもは第一次集団の中でも一番身近な仲間である」のに対して，「教師となると，どれほど子どもへのつとめに一心になっても，子どもは元来第二次集団のメンバーだとみている」（ウォーラー 1957, 97頁）ことによる[(2)]。だからといって，両者が児童・生徒のために協力する可能性が閉ざされているわけではなく，歴史的にもまた現在においても教師と保護者との協働に向けたさまざまな努力が行われている。

　それ以外にも，学校知識と地域の生活知識との原理的乖離や保護者・地域社会からの強い道徳的・知識的期待に基づく「教師タイプ」の押しつけゆえの教師の地域社会からの孤立の問題（ウォーラー 1957）や，教師同士の「相互不干渉性」（Hargreaves 1982）や「同僚との調和を第一にすること」（永井 1977），さら

には「国家の統制と教師の自律性」といった教育行政との関係など，教師が仕事を行ううえでは社会関係上のさまざまな困難がある。

地位課題

いまでこそ，教職はそれなりに経済的・社会的地位のある，安定した職業と思われているかもしれないが，歴史的には，経済的待遇の低さと生計の貧しさ，また人々の僕隷的な教師観の広まりといった社会的地位の低さがしばしば指摘されてきた（たとえば，唐澤 1955）。そのような教職にいかにして優秀な人材を呼び込むかは，教育の質的向上にとって非常に重要な問題となる。戦前の師範学校は，上級学校への進学が閉ざされていた優秀な者，とりわけ農村子弟を吸い上げ教員として輩出する1つの手だてであった。戦後では，「人材確保法」(1974) が施行され，それにより優秀な人材を教職に確保することが目指された。しかしながら，近年では「不適格」教員認定の厳格化，教員免許更新制の導入など，教員の身分を揺るがす施策が導入されてきている。

また，教職は，医師や法曹などと比べてけっして容易いものではないが，専門職としての確固たる地位を得ているとは必ずしもいえない状況にある[3]。その理由として，[1]で述べたように，近代学校制度は大量の教員を必要とするため，希少性が低く，また多くの給与を払うことが難しいこと，また「知識・文化の(再)創造者」の扱いを受けず，既存の知識・文化の単なる「伝達者」とみなされがちであること，さらに社会全体における大学進学率の上昇により「大学卒」としての特権性をもちづらくなったことなどが挙げられる。

能力課題

ローティ (Lortie 1975) は，ほかの専門職に比べて，教職には確固たる理論や技術に乏しく，仕事の評価も難しく，そこには「風土病的不確定性 (endemic uncertainties)」がともなうとしている。実際，「授業は生き物」といわれるように，事前に計画された通りに授業が行われることは稀で，教師には状況に応じた瞬時の判断が多分に求められる。ショーンは，教師をはじめとする専門家

の仕事の特徴を「行為の中の省察（reflection-in-action）」（ショーン 2001）と呼んでいる。このように行為と思考を切り離すことができず，その習得にはある経験が必要であるゆえに，そこに胚胎する理論や技術は見えにくく，「コツ」や「勘」に基づく仕事とみられやすい。

　また，たとえば「人格の完成」といった教育の目標は必ずしも明確なものではなく，その成果を測ること，ひいては教師の力量を測ることも難しい。またその成果にしても，ある時点で獲得されたとされる知識・技能がすぐに剥落することもあるし，その時点では測定されなかったものが後の生活のなかで生きることもある。このように，教師の仕事の成果，ひいては教員の力量を自他ともにわかるように明確にすることは難しい。だからこそ，卒業生の訪問や活躍の知らせなどは，教師にとってこの上ない喜び，「心理的報酬」となる。一方で規律やテストの成績など，より明示的な指標に対しては，その誘惑に駆られつつも，無関心を装うといったアンビバレントな態度がみられる。

　加えて，仕事の内容・過程をきちんと確定し成果を確認することが難しいために，「生真面目さ」「熱心さ」「公平さ」などを示し，常に問題なくやっていることを他に対して示す必要がある。そのことは，時として教師たちを目先の成果を求めて形式主義に向かわせる危険性をもつとともに，仕事の未達成感を埋めるべく自らの職責などを際限なく拡大させ「多忙感」を常に抱かせる「無限性」に陥る可能性をもつ。

3 教員文化

　学校教師は社会的・制度的存在として，これまで見てきたような難しい問題に直面しながらも，それを乗り切り，教員としてのアイデンティティを構築・維持している。それを支えているのが，「教員文化」である。それは，教員集団のなかで形成され，蓄積された「信念，慣習，伝統，ものの考え方，感じ方や他人とのつきあい方」（Hargreaves 1982）などが一連のセットとなった職業文化の１つである。それは，その職業にある人々によって共有され，理解されているものであり，日々の仕事・生活上の課題に具体的にどのように対処するの

かのみならず，何を重要なことがらととらえ，それをどのようなものとして位置づけ，どう対処するのか，といった一連のことがらに関係している。この「教員文化」に依拠することにより，教師一人ひとりがその時その場の即興的判断を過剰に強いられることから免れることができる。また教師の仕事は，先の「不確定性」ゆえに常に失敗のリスクを胚胎しているが，仮に失敗を犯した場合でもアイデンティティの揺らぎを抱かずにすむのも，この「教員文化」のおかげである。

したがって，新たに職に就く者たちにとっては，この文化を身につけることがその世界に適応するための，すなわち職業的社会化の課題となる。「新任期においては，実践力豊かな先輩教師からの，教職という仕事に対する姿勢や個別的アドバイスなどが大きな意味をもっている」(山﨑・前田 1988，76頁)とされるが，このような教員文化の共有・伝達において，教員集団が果たす役割は大きい。もちろん，それは新任教師に限ったことではなく，職場の同僚集団が有する教員文化の様態によって，その職場の教職アイデンティティの構築・維持のあり方や教職観なども左右される (油布 1990，福島 2003，吉田 2005)。

久冨善之によれば，教員文化は次のように定義される。

> 教員文化とは，教員世界に見いだされるモーダルなあるいは変異的な行動型を要素とするものであるが，その単純な和であるよりも，その背後にあって行動を律し，教員たちに「世界解釈」のコードを与えている組織された全体である。その全体は，教員という職業の遂行（仕事と生活とを含めて）にまつわって歴史的に選択され，形成され，継承され，また創造されながら変容していくところの蓄積された信念・慣習・伝統・思考法・心性・付き合い方のセットからなっている。　　　　　　　　　　(久冨 1990，275頁)

教員文化は，一枚岩ではなく，モーダル（最頻的）なもののほかに，変異的な行動型が存在しており，たとえば「教科の専門性か子ども理解の重視か」といった教師の専門性にかかわる意識の違い (Hargreaves 1980) のように，時とし

て対立するものをも含む。また，文化は，個々の要素が相互に関連して人間の生活全体を形成している１つの体系であり，上述したように，何を重要なことがらとしてとらえ，それをどのように理解し，どのように対処するか，といった，教員としての日常的な仕事と教員の世界を支える解釈図式を与えている。ただし，文化は静態的なものではなく，それが生身の人間の生活を通じて不断に再生産（創造）されるべきものである以上，動的な，歴史的なものである。したがって，ある時代においては教師たちが直面する日常的困難の乗り切りに寄与していたある教員文化が，別の時代においては教師たちを追い込むものとして機能したり，あるいは別のかたちに組み替えられたりすることもある。

4 「献身的教師像」による乗り切りとその機能不全

１つの相としての教師像

　いま，教員文化はさまざまな要素が相互に関連し合う１つの体系であると述べたが，その構成要素として次の３つがあげられる。①イデオロギー的側面（価値・規範にかかわる）の分野：指導観・子ども観・教育観・学校観，②集団・組織的側面（社会関係における身の処し方・つき合い方）の分野：同僚間関係，対生徒関係，対父母関係，対地域社会関係などを処する仕方，③自己意識とパーソナリティ型の側面の分野：教職の性格に関する考え方（＝教師像／教職観）・教員の社会的地位意識，教職の「誇り」や「働きがい」のとらえ方など（久冨 1990, 278-279頁）。

　そのうち，「教師像」あるいは「教職観」は，「教師たちの自己意識を示し，また価値的な教師イメージの結晶した姿」（久冨 1998, 78頁）である。それは②の社会関係における身の処し方・つき合い方が編み合わされた複合として成り立つ，「全体としての教員文化の一つの相」（長谷川 2003, 33頁）といえる。この「教師像」は日々の仕事と生活における教師たちの意識を内側から支え，またそれに向けて日々努力するものとして，時には自らの行動を規制するものとしてはたらくと同時に，子ども，保護者，地域住民にも共有された場合，ひどい教師がいても「あの人は例外」と片づけられたり，逆に「教師なのに何て

ことだ」と糾弾されたりするように，教師たちに対する評価軸としても機能する。

日本の教師が抱く教師像

日本の教師たちに共有されている教師像のひとつとして，「献身的教師像」があげられる。表4.1の小中学校教員を対象としたアンケート調査(4)の結果をみると，いずれの年においても「子どもに接する喜びのある仕事だ」「やりがいのある仕事だ」「精神的に気苦労の多い仕事だ」についてはほぼ全員が，また「自己犠牲を強いられる仕事だ」では7・8割の者が，それぞれ肯定側回答（「強くそう思う」「そう思う」）を示している。一方，「社会的に尊敬される仕事だ」「経済的に恵まれた仕事だ」「自分の考えにそって自律的にやれる仕事だ」は，5～6割台が肯定側回答を示すにとどまる。とくに，1991年では「経済的に恵まれた仕事だ」とする者は1割にとどまっていた。このように，多くの

表4.1 教職観の推移

項目	年	強くそう思う	そう思う	あまりそう思わない	まったくそう思わない
(1)社会的に尊敬される仕事だ	1991	7.1	37.0	47.4	8.6
	2004	7.9	46.2	42.8	3.1
	2014	12.5	53.1	32.2	2.2
(2)経済的に恵まれた仕事だ	1991	0.7	9.7	45.9	43.7
	2004	4.8	48.2	41.1	5.9
	2014	6.8	50.0	37.6	5.6
(3)精神的に気苦労の多い仕事だ	1991	67.4	29.9	1.7	1.0
	2004	53.8	43.0	2.9	0.3
	2014	68.2	28.4	2.8	0.6
(4)子どもに接する喜びのある仕事だ	1991	39.7	53.3	6.5	0.5
	2004	44.6	52.2	3.1	0.1
	2014	60.9	37.3	1.6	0.2
(5)やりがいのある仕事だ	1991	39.3	50.3	9.3	1.1
	2004	42.8	52.5	4.3	0.4
	2014	59.6	37.8	2.3	0.2
(6)自己犠牲を強いられる仕事だ	1991	32.1	49.9	16.4	1.6
	2004	22.1	50.8	25.5	1.6
	2014	31.3	50.3	16.8	1.6
(7)自分の考えにそって自律的にやれる仕事だ	1991	11.5	51.5	32.8	4.3
	2004	8.1	60.8	29.8	1.3
	2014	9.6	58.0	29.8	2.6

教師が自らの仕事を，社会的に尊敬される経済的にも恵まれた自律的な仕事と思っていない一方，気苦労や自己犠牲も多いものの，子どもと接することに喜びとやりがいのある仕事ととらえている。このような「献身的教師像」は，以下で述べるように，歴史的に形成されたものであるが，依然として日本の教師の多くが共有している教師像といえる。

信頼調達の回路としての「献身的教師像」

日本において，このような「献身的教師像」は 1920 年代に発明されたという (中内 1995)。それは，一方では公教育制度の整備が進むなかでの教員の大衆化，その経済的，精神的地位の低下，他方で都市部を中心に広がっていく「少なく産んでよりよく育てる」という教育的マルサス主義の広がりと教育・学校への期待の高まりという矛盾する状況を前にして，為政者の側から作り上げ押しつけられた教員の「教育愛」，教育熱心さ，職務への忠誠を讃える教育美談に象徴されるものである。この教師像は，国家から仕掛けられたものであると同時に，教師たちがそれに自らを重ねることによって苦しい境遇を乗り切っていく支えともなった。また，親や地域の教育と学校への期待の高まりに応え，教員の権威を調達する回路でもあった。しかしながら，この「教師像」は教員社会と外部世界との間のヴェールともなり，外の「生真面目さ」が内の「ずさんさ」を，「熱心さ」が「足並みをそろえる」を，「子ども思い」が「パターナリスティックな子ども観」をもたらし，教師たちが内側に向けてまとまる「求心的関係構造」を生みだした (久冨 1990, 2003)。

また，この「献身的教師像」は，教員の専門性の高度－低度をめぐる問題に対しても機能していた (久冨 1998)。日本の教師たちは，教育課程を自主的に作成・決定する権限をいちじるしく制限され，単なる知識・技術の「伝達者」にすぎないという低度の専門性を押しつけられてきた。しかし，「献身的教師像」は，広い活動空間を教師と教師集団とに許し，自主的で創造的な専門性の高度化への教師たちの志向と自己意識をもたらした。実際，近年海外でも「jyugyo kenkyu」として注目されてきている職場・サークルにおける授業研

究の伝統，教師たち自身による研究会・研究誌の多数開催・発行，民間教育研究団体の組織化と活動（たとえば，教育科学研究会など）にみられる，教育熱心・研究熱心・創造性の高さは，日本の教師に特徴的なものとされる。

献身的教師像の機能不全

1970年代半ば以降，さまざまな子どもたちの「問題」行動の表れや「競争の教育」（久冨 1993）の激化のなかで，教員・学校に対する不信・批判が高まっていった。保護者や地域からの信頼・権威の調達が困難となるなかで，その回路として教師たちの日常の仕事と生活を支えてきた「献身的教師像」も有効に機能しなくなり，むしろ教師たちを「バーンアウト（燃え尽き）」に追い込むものとなった。

「バーンアウト」とは，対人サービス労働に特有の，「感情的な圧迫を伴う状況の中に人が長期にわたって巻き込まれた結果発生するところの，身体的・感情的および精神的な疲労困憊の状態」（Pines 1981）をいう。表4.2に示すとおり，2014年の教員アンケート結果によれば「バーンアウト」にある者は12.3％，「バーンアウトの危険域」にある者は30.4％にのぼっている。また，同表には，バーンアウト状況別の教職観に関する各項目の平均値[5]も示したが，バーンアウト度が高い者ほど，教職を「精神的に気苦労の多い」，「自己犠牲が強いられる」仕事ととらえ，「子どもに接する喜び」「やりがい」を見いだすことができないと答える傾向にある。もちろん，「精神的に気苦労の多い」「自己犠牲が強いられる」仕事であっても，そこに「子どもに接する喜び」「やりがい」をともなうものであれば，けっして悪いイメージとはいえない。実際，表は割愛するが，「精神的に気苦労の多い仕事」であるが「やりがいのある仕事」でもあると「強くそう思う」者は，バーンアウト状況「良好」の者では7割，「危険域」では6割，「バーンアウト」では4割という結果となっている。

また，以前において「献身的教師像」がもたらした自主的で創造的な専門性の高度化への教師たちの志向と自己意識も弱まっていった。1970年代後半から80年代において，教育課程と教育活動への国家統制や「競争の教育」の支

表 4.2 バーンアウト状況の分布と状況別教職観関連項目平均値（2014年）

項目	良好	危険域	バーンアウト	全体
バーンアウト状況の分布	(57.3%)	(30.4%)	(12.3%)	(100%)
状況別平均値 — 精神的に気苦労の多い仕事だ	3.52	3.78	3.87	3.64
状況別平均値 — 子どもに接する喜びのある仕事だ	3.68	3.53	3.31	3.59
状況別平均値 — やりがいのある仕事だ	3.68	3.50	3.23	3.57
状況別平均値 — 自己犠牲が強いられる仕事だ	2.91	3.30	3.59	3.11

配の強まりを背景として，生活指導面での「管理主義」や教科指導面での「指導技術のマニュアル化」（たとえば，「教育技術法則化運動」の広まり）が進んだ。それは「低度」の専門性を用意するものでしかなく，また「男子は全員丸刈り」など管理主義の行き過ぎが教師・学校と子ども・保護者・地域との関係の切断を助長することにもなった。

5 教育改革時代における教員文化

学校・教員への不信・不満の高まりと教育改革

さまざまな教育問題が解決されることなく，また「学力低下」などのあらたな問題が生じるなかで募る学校・教員への不信・不満を追い風として，教育改革・教員政策が1990年代後半以降に推し進められ，2000年代に入って加速化した。そこでは，上述したような献身的教師像と求心的関係構造とを特徴とするこれまでの教員文化のあり方は，学校・教員に対する批判・不満を呼び込む回路となり，また学校・教員のあり方それ自体を対象とした改革・政策がなされていった（詳しくは第10章参照）。

一方，教育職員全体に占める病気休職者の割合，病気休職者に占める精神性疾患を理由とする者の割合ともに，1990年代半ば以降増加し，2000年代半ば以降は，それぞれ0.8%，60%超と高止まりの状況にある。ただし，バーンアウトスコアの平均値は，1991年調査の3.26から2004年調査の3.01に低下し，2014年調査では2.97と横ばいの状態にある（山田 2018）[6]。こうした状況は必ずしも楽観できるものではないものの，全体としてみれば，多くの教師は日々

の教職生活を何とか乗り切っているように思われる。

「二元化戦略」による乗り切り

長谷川（2008）は，教員文化の一側面として，教職アイデンティティの「二元化戦略」に着目している。教職アイデンティティとは，「自分は教師として，それなりに仕事をやれている」という感覚や自己イメージを意味する。不確定性に満ちた教職においては日々の教育活動において失敗や否定的体験はつきものであるが，そうした諸困難に直面しながらも，教師たちは教職アイデンティティを保持していく必要がある。「二元化戦略」とは，教職アイデンティティを，そうした困難の影響を直接に受けて「攪乱」をきたしやすい層と，その影響を相対的に受けにくい教職観などの理念により支えられた「安定」層とに二層化し，「攪乱」をもたらす教職上の諸困難の一定部分を自分自身の活動によってはどうにもできないようなものとみなすことによって，教職アイデンティティの全体的な揺らぎが生じないようにするものである。

この「安定」層と「攪乱」層とは，それぞれ「基盤層」「日常層」と言い換え可能なもので（久冨 2008, 2017），その意味ではいつの時代にも広くみられるものといえる。ただし，日本では，勤務校の状況認識が「攪乱」のみを左右し，「安定」とはあまり関わりがなく，二元化戦略が他国と比べて発達しているとされる（長谷川 2008）。それは仮に児童・生徒に対する指導や学級経営などをめぐる問題状況が生じたとしても，「今の時代，このような問題が起こるのは当たり前」といった受け止めや，「そのくらいは当たり前なのだから，あなた一人の責任ではない」といった問題に直面している個々の教師を直ちに追い詰めないような見方が，個人のみならず，教員文化としてなされていると考えられる（久冨 2008, 2017）。こうした状況の広まりは，子ども・家族の生活状況の深刻化，「学校知識離れ」「学級崩壊」など学習・生活指導をめぐる困難の高まり，職員会議の校長補助機関化などによる教師たちが関与しうる領域の狭まり，さらには「説明責任」にともなう「繁文縟礼（はんぶんじょくれい）」がもたらす精神的・時間的余裕の低減など，問題への個人的・集団的対応が以前に比べて難しくなっているこ

とによると思われる。

　しかしながら、日本の教師たちの間にみられる「二元化戦略」は、かつての「献身的教師像」の共有による「関係課題」の「解決」というよりは、教師たちのことがらのとらえ方を変化させることにより、「関係課題」の重要性の認識と課題解決に向けた取り組みを一旦「留保・回避」するものである（久冨　2008, 2017）。それゆえ、「二元化戦略」は「教える」という仕事の複雑さが求める教員の専門性を後退させ、子ども・保護者・地域・他の教師や専門職との協働を通じて困難と向き合う可能性を閉ざし、「仕方のなさ」を互いに確認・許容しあう求心的関係構造を強める可能性をもつ。もちろん、「留保・回避」の中で、自らの役割・課題、さらには専門性を再定義し、他の人々との協働を拓き、困難の解決に向けて努力する可能性を有していることもたしかである[7]。

「職務遂行」的な教職観の出現？

　2014年調査では、この「二元化戦略」は依然として見られるものの、以前に比べると教職アイデンティティの「安定」的側面と「攪乱」的側面との区分は弱まってきている。実際、表4.3の因子相関行列をみると、教職アイデンティティの「安定」と「攪乱」との相関は強くなってきている。また「（自分自身が）問題を抱える子どもに手を焼く」や「（勤務校において）子どもたちが騒いで授業が成立しない」といった回答[8]との間に、2014年では「攪乱」のみならず、「安定」との間にも強い相関がみられるようになってきている。それは、「二元化戦略」を下支えしていた「求心的関係構造」の弱まりと職場の同僚関係における評価的雰囲気の強まりと、教職を規定の職務をなし遂げることに専心しその成果が問われる仕事としてとらえる「職務遂行」的な教職観の強まりとが進行するなかで、教師たちは自らが直面する諸困難への個別的対処を以前にもまして強く迫られるようになってきていることによると思われる（久冨・長谷川・福島　2018）。

　そのことは、教員・学校評価の導入、職員会議の補助機関化、主幹職設置など学校内部の階層化、PDCAマネジメントシステム、全国学力学習状況調査

第4章 学校教師とはどのような存在か

表4.3 教職アイデンティティ関連因子と問題状況関連項目との相関

項目	2004		2014	
	安定	攪乱	安定	攪乱
教師としての仕事にやりがい，生きがいを感じる	.848	.062	.867	.078
自分には教師という職業が合っている	.870	.031	.761	-.048
教職をやめたい	-.553	.174	-.601	.077
何を教えれば子どもにとって意義があるのかがあいまいになる	.089	.770	.015	.704
自分の教育・指導の効果について疑問や無力感を感じる	-.043	.740	.053	.844
自分の持っていた教育観や信念に混乱が生じている	-.077	.684	-.140	.624
因子相関行列	-.461		-.532	
問題を抱えている子どもに手を焼くことがある	-.159	.420	-.236	.391
子どもたちが騒いで授業が成立しない	-.125	.239	-.266	.328

因子分析：最尤法（プロマックス回転）

の実施など，目標と成果に対する強い統制と実施過程での裁量の拡大など，新自由主義的・成果主義的教育改革・施策の進行と無関係ではないだろう。実際，教育改革・施策のもとで，教職の在り方が「職務遂行」的なものへと変容してきているとの指摘もみられる。たとえば，油布（2010）は，教師が学校の組織目標に沿う形で自らの役割を限定し，そうした組織の一員としての職務の遂行を「やりがい」とし，また教師相互の関係も組織だった教育実践に取り組むことを目的とするものとなってきていることを指摘している。

しかしながら，現時点では，「職務遂行的」な教職観は，日本の教師たちの間では支配的なものとはなっておらず，ましてや教師たちの教職アイデンティティを支えるものにはなっていないように思われる。実際，アンケート調査の結果をみても，「はっきりとした成果を問われる仕事だ」「割り当てられた仕事に専心する仕事だ」に対して肯定側回答を示す者の割合は，2004年から2014年にかけて，63.9%→67.2%，55.4%→57.2%と漸増するにとどまっている。ただし，上述した個別的対処の強まりといった教員文化の変容は，新自由主義的・成果主義的な教育改革と流れを一にするものといえ，その帰趨を注視していく必要がある。

6 教員文化の「組み替え」に向けて

　教師という難しい仕事を行うためには,「特別の専門的能力・資質がそこに求められ,また発揮され」なければならない。「しかしだからといって直ちに教師が「専門職」と社会的に認められるとは限らない。ある仕事が特別に専門的なものだと社会的に認められるかどうかをめぐる社会文脈的論点は「専門職性」と呼ばれる」(教育科学研究会 2006, 205-206頁)。その際,子ども・保護者・地域との関係,教員間の諸関係といった社会的文脈を,他方で「国家統制と教師の自由」といった,国家の側からの教員に対する制度的・イデオロギー的要求との関係の問題を視野に収める必要がある。

　上述したとおり,新自由主義的・成果主義的教育改革が推し進める個人責任原理に基づく教員・学校像が浸透してきている一方で,それとは異なる教員・学校像が提起されてきたことも事実である[9]。それらは,必ずしも支配的な言説とはなってはいないものの,一方で教育改革への対応を,他方で子ども・保護者・教師間の関係形成を視野に収めつつ,新しい「教職の専門性／専門職性」を提起している。その主張は,「教育専門職による閉鎖性と国家による閉鎖性をともに避け」,「専門職の仕事を脱神秘化し,教師と,生徒・親・コミュニティのメンバーといった疎外されてきた構成員」との間に「連携をつくりあげることが追求される」「民主主義的な専門職性」(ウィッティー 2004, 110頁)と重なるものである。ただし,教育政策においても,「学び続ける教員像」「社会に開かれた教育課程」「チームとしての学校」「学校と地域の連携・協働」など,こうした動向を視野に収めた動きがみられることもたしかである。こうした状況下において,目の前にいる子どもたちのリアルな状況,かれらの期待と必要・要求に集合的に応えていく教員文化へとどのように「組み替え」ていくかが問われているといえよう。

【福島　裕敏】

注
（1）　数値は,幼稚園,幼保連携型認定こども園,小学校,中学校,義務教育学校,高等学校(含む通信制課程),中等教育学校,特別支援学校の本務教員数。

（2）第一次集団とは「家族，近隣，子どもの遊び仲間など，親密で対面的な結びつきと協働を特徴する集団」であり，その対概念である第二次集団は「国家や政党，企業や労働組合など，特定の目的のために合理的に組織された集団」である（『新社会学事典』有斐閣，934頁）。
（3）日本社会学会による1995年 SSM 調査（Social Stratification and Social Mobility 調査：社会階層と社会移動調査）の結果によると，教員の職業威信スコアは63.6ポイントと，看護師（59.7）に比べれば高いものの，医師（90.1）や裁判官・検察官・弁護士（86.9）といった伝統的専門職に比べてかなり低い。また自然・人文科学研究者（72.0），文芸家・著述家（66.6）といった知識の生産・創造者に比べても低い。なお，職業威信スコアは，56の職業をあげて，それぞれに対する評定（もっとも高い＝100点，やや高い＝75点，ふつう＝50点，やや低い＝25点，もっとも低い＝0点）をもとに，職業ごとの平均値を求めたもの。
（4）1991年調査は首都圏F市，2004年調査は国内9地点，2014年調査は国内8地域で実施した。詳細については，それぞれ久冨（1995），長谷川（2008），久冨・長谷川・福島（2018）を参照のこと。
（5）使用したバーンアウト尺度はパインズ（Pines 1981）の研究に基づく。なお，教職観に関する回答の平均値は，「強くそう思う＝4点」「ややそう思う＝3点」「あまりそう思わない＝2点」「まったくそう思わない＝1点」として算出した。
（6）バーンアウトスコアの変化については，山田（2018）を参照のこと。
（7）この議論は，三井（2004）がケアに携わる医療専門職についての研究で明らかにした「戦略的限定化」「ニーズの中間的了解」「相補的自律性」に依拠して，教職の新しいあり方を考察している油布（2007）を参考にした。
（8）「問題を抱える子どもに手を焼く」については「強く感じる＝4点」「感じる＝3点」「あまり感じない＝2点」「まったく感じない＝1点」，「子どもたちが騒いで授業が成立しない」については「よくある＝4点」「ときどきある＝3点」「あまりない＝2点」「まったくない＝1点」として計算した。
（9）たとえば，「子ども理解のカンファレンス」を中心として「子どもの生存・成長を支える人間関係をその子のためにコーディネートする」発達援助者としての教師（田中 2003），政治的判断力をもったシティズンシップの育成をめざして，「生徒との間で葛藤，緊張関係を経験しながら，権力性を脱構築し，政治的コーディネーターとして自らを変容させていく」教師（小玉 2003），また「官僚制的な制度化に対抗して民主的な自律性を主張し，生徒や親や同僚や他の専門家との協同関係を築きあげて」「実践場面における省察と反省を通して形成され機能する実践的な知見と見識」をもって複雑で難解な問題の解決に立ち向かう「反省的実践家としての教師」（佐藤 1997）。

引用文献

ウィッティー，G.(2004)『教育改革の社会学』東京大学出版会
ウィッティ，G.・ウィスビー，E.(2008)「近年の教育改革を超えて——民主主義的な専門職性に向けて」(久冨(2008)所収)
ウォーラー，W.(1957)『学校集団　その構造と指導の生態』明治図書(原著 1932)
唐澤富太郎(1955)『教師の歴史』創文社
教育科学研究会(2006)『現代教育のキーワード』大月書店
久冨善之編著(1990)『教員文化の社会学的研究〈普及版〉』多賀出版
久冨善之(1993)『競争の教育』労働旬報社
久冨善之編著(1994)『日本の教員文化——その社会学的研究』多賀出版
久冨善之(1995)「教師のバーンアウト(燃え尽き)と「自己犠牲」的教師像の今日的転換」『一橋大学研究年報　社会学研究』34
久冨善之(1998)「教師の生活・文化・意識」『岩波講座　現代の教育 6　教師像の模索』岩波書店
久冨善之編著(2003)『教員文化の日本的特性』多賀出版
久冨善之編著(2008)『教師の専門性とアイデンティティ』勁草書房
久冨善之(2017)『日本の教師，その 12 章』新日本出版社
久冨善之・長谷川裕・福島裕敏編著(2018)『教師の責任と教職倫理』勁草書房
小玉重夫(2003)『シティズンシップの教育思想』白澤社
佐藤学(1997)『教師というアポリア』世織書房
ショーン，D.(2001)『専門家の知恵』ゆみる出版(原著 1983)
田中孝彦(2003)『生き方を問う子どもたち』岩波書店
東井義雄(1957)『村を育てる学力』明治図書
永井聖二(1977)「日本の教員文化」『教育社会学研究』第 32 集
中内敏夫(1995)「「愛の鞭」の心性史」『叢書〈産む・育てる・教える〉 5　社会規範』藤原書店
中内敏夫・川合章編著(1974)『日本の教師 5　教師像の探求』明治図書
長谷川裕(2003)「教員の実践と教員文化の概念」(久冨(2003)所収)
長谷川裕(2008)「5 カ国の教師たち，その教職アイデンティティ確保戦略の展開」(久冨(2008)所収)
福島裕敏(2003)「教師たちがつくり出す学校職場」(久冨(2003)所収)
三井さよ(2004)『ケアの社会学』勁草書房
ミード，G.H.(1973)『精神・自我・社会』青木書店(原著 1934)
山﨑準二・前田一男(1988)「教師としての成長を支えるもの」稲垣忠彦他『教師のライフコース』東京大学出版会
山田哲也(2018)「教師のバーンアウトの変化と現代的要因連関」(久冨・長谷川・福島

(2018) 所収)
油布佐和子 (1990)「教員集団の実証的研究」(久冨 (1990) 所収)
油布佐和子 (2007)『転換期の教師』放送大学教育振興会
油布佐和子・紅林伸幸・川村光・長谷川哲也 (2010)「教職の変容」『早稲田大学大学院教職研究科紀要』第 2 号
吉田美穂 (2005)「教員文化の内部構造の分析」『教育社会学研究』第 77 集
Hargreaves, D.H. (1980) The Occupational Culture of Teachers, in Woods, P. (ed.) *Teacher Strategies*, Croom Helm,
Hargreaves, D.H. (1982) *The Challenge for the Comprehensive School*, Routlege & Kegan Paul.
Lortie, D.C. (1975) *Schoolteacher*, The University of Chicago Press.
Pines, A.M. (1981) The Burnout Measure, paper presented at the National Conference on Burnout in the Human Services, Philadelphia.

考えてみよう
1. 現在，教師たちはどのような困難に直面しているのか，新聞，本，ルポルタージュ，雑誌などをもとに考えてみよう。また，その困難について「関係課題」「地位課題」「能力課題」の視点から考えてみよう。
2. 求められる教師像にはどのようなものがあり，それは今日の教職をめぐる困難にどのように応え，またどのような「専門性／専門職性」を提起しているのか，考えてみよう。

参考文献 (further readings)
久冨善之編著『教師の専門性とアイデンティティ』勁草書房，2008 年
久冨善之・長谷川裕・福島裕敏編著『教師の責任と教職倫理』勁草書房，2018 年
　これらの文献は，教育改革下における教員の専門性／専門職性，さらには教員文化の在り方を考察している。前者では，国際比較の視点をもちながら，この問題について論じている。後者は，その続編として位置づき，この 10 年間の日本における教員文化の変容について論じている。なお，引用文献に掲載した久冨編著 (1990 年，1994 年，2003 年) も併せて参照されたい。
久冨善之『日本の教師，その 12 章』新日本出版社，2017 年
　日本の教師たちが直面している今日的困難状況，そこに折り重なる学校教師という仕事をめぐる困難に関する歴史的・文化的背景，そうした状況・背景のなかで教師らしさをとり戻す希望について考察している。

第5章 若者は今をどのように生きているか
——若者の友人関係分析の視点から

1 若者の友人関係──「キャラ」で乗り切る手法の常態化

　若者の友人関係をめぐる困難が，若い作家たちによって描かれてきた。たとえば，少し前になるが，現役高校生が作者であることが話題の1つとなった，木堂椎による『りはめより100倍恐ろしい』(木堂 2006) がある。この小説は，高校生である主人公，羽柴の語りによって物語が進行する。中学校時代，クラスで常に周りを「ウケさせる」ことを求められる「いじられキャラ」であった羽柴は，高校進学とともにそのポジションにならないように細心の注意を払い，友人関係をつくることを心に誓う。

　　　高校生でそのポジションに就任してしまったら大変だ。絶えずピエロとして嘲笑され続けなくてはならない。傷ついてもいつも屈託のないスマイルをしなければならない。(木堂 2006, 6頁)

　だから羽柴は，高校生活初日の自己紹介，バスケット部での会話において，「強めのキャラ」としてのパフォーマンスを行う。羽柴による弱者化しないための人間関係の秩序の読み取りと，その読み取りに基づいて彼が繰り出す戦略の1つ1つが物語の筋となっている。

　ここに描かれていることがらのポイントは次のことだ。若者は自分に有利なポジションを獲得するのに必死であること。そのために「キャラ」をつくること。そしてそこで営まれる友人との関係は，その中で自己のポジションを確保するべき場としての意味しかもたないこと。

木堂の小説の発刊は2006年だが，そこに描かれた若者の友人関係の状況とおおよそ同じものは，その後も小説・漫画・ルポルタージュ・研究書などを通じて繰り返し語られてきた。だがはたしてそれは，現代の若者の友人関係の実態そのものなのだろうか。仮にそうだとしたら，若者が「キャラ」づくりのパフォーマンスを行いながら友人関係を取り結ぶことの背後には，かれらのどのような願いとかれらをとりまくどのような社会状況が存在しているのだろうか。

本章では，こうした友人関係の問題に焦点をあて，現代の若者がいまをどのように生きているかを考えてみようと思う。以下，まず若者の友人関係の実態をいくつかの調査データと若者論からとらえる（2）。次に，そのような友人関係の実態はどのような事情で生じたものなのかを検討する（3）。最後に，かれらの友人関係に関わって今後考えていくべきことについて述べてみたい（4）。

2　今日の若者の友人関係の実態

友人関係は希薄化しているのか

若者の友人関係を評す次のような語りがある。

> 若者たちは自分の本当の悩み，心配ごと，人生で起きるさまざまな問題，自分の将来など，まじめで深刻な事柄を友人に話さなくなった。だからこそ，親友の数だけは多いが，個人的な問題については触れなくなっている。友人関係が希薄化したのは，時代の在り方，時の流れにおおいに関係しているといえるだろう。（千石 1991，74頁）

これは，若者の友人関係についてのもうかなり前の語りであるが，同様の「希薄化」論はその後もしばしば語られ続け，その一方，そうした希薄化の実態はないという反論も繰り返しなされてきた[1]。ここではその点を，NHK放送文化研究所による調査のデータで確認してみたい。同研究所は1982年，1987年，1992年，2002年，2012年と5回にわたって「中学生・高校生の生活と意識調査」を実施しているが，2002・2012年調査のみの質問項目の1つに「今，ど

んなことに関心をもっていますか」があり，17項目から複数選択可で選択して回答するその第1位は，どちらの年も中・高いずれでも「友だちづきあい」（2002年は中56.8%・高66.9%，2012年は中50.5%・高60.0%：NHK放送文化研究所編 2013, 付13頁）であり，若者の友人関係に寄せる関心は高いものとなっていることがわかる。

　学校生活のなかの友人関係はどうだろうか。同調査中の「ひとことでいって学校は楽しいですか」の質問項目に対して，「とても楽しい」と回答した割合は，中学では1982年37.8% → 1987年35.6% → 1992年43.9% → 2002年42.3% → 2012年56.7%，高校では23.0% → 23.5% → 33.0% → 37.1% → 53.7%と，いずれも上昇傾向にある。ではなぜ学校生活が楽しいのだろうか。その点を尋ねた質問への回答（5選択肢からの単一選択）を見ると，「友だちと話したり一緒に何かしたりすること」の選択が，中学では77.0% → 73.9% → 74.1% → 68.8% → 68.2%，高校では82.7% → 84.0% → 79.2% → 76.0% → 76.6%と，漸減傾向がみられるとはいえ，他の選択肢に比べると圧倒的に多い（同上，3頁）。

　このような調査結果からは，若者にとって友人関係の重要度が非常に大きいことがうかがえる。さらに，その友人関係の中身がどうなっているのかを，筆者らも調査メンバーとして関わった子ども・若者対象のある調査の結果から見てみたい。その調査では，「こまっているとき，助けてくれる友だちがいる」かどうか，「私の気持ちをよくわかってくれる友だちがいる」かどうかを尋ねる質問を設けたが，それらに対して，「とてもあてはまる」あるいは「ややあてはまる」と答えた割合はそれぞれ，小6で84.0%・73.8%，中2で83.5%・76.5%，高2で86.2%・78.1%であった（「子どもの生活体験」研究グループ 2005）。調査年は2002年とやや古いが，若者の友人関係の希薄さが唱えられていたこの時期にあっても，実際のところは援助や理解に満ちた友人関係が取り結ばれていたことを，この調査結果は示していると言っていいだろう。

　以上のデータからうかがえるのは，若者の友人関係の希薄化傾向などではなく，かれらは友人関係を重要なものとみなし，学校生活の楽しさの源ともし，その中身も良好であるというような傾向なのである。

では、このように若者にとって友人関係が重要であると感受され、実態として希薄化していないのにもかかわらずそのように見えるとすれば、それはなぜなのだろうか。その理由の1つとして、今日の若者の友人関係が、ここまでで述べてきたことに加えて、以下で述べるような特徴を帯びているということがあげられるように思われる。

濃密で気づかい合う友人関係

社会学者の土井隆義は、今日の若者たちの友人関係の特徴を表す言葉は、希薄化ではなく、むしろ「濃密化」だと述べる（土井 2004）。その事情は、土井の議論に依拠しながら述べてみると、おおよそ次のようなことである。

現代社会は、個々人が生まれおちたときから「特別なオンリーワンであれ」と個性を煽りたてる社会である。そうしたなかで若者たちは自分らしさを自分自身でつくり上げるという負荷を背負わされている。つまりかれらは、「自分の振る舞いは大丈夫なのか」、「特別なオンリーワンであるのか」と絶えず問わざるをえなくさせられている。これはいわば、慢性的な承認渇望状態におかれているということだ。自己を安定させ、自らのよって立つ基盤をつくるために、若者は他者からの承認を不可欠としている。自己の行動を査定し続けるかれらは、友人からの承認をなんとしてでも得ようとするのである。

だが承認を必要としているのは、"わたし"ひとりだけではない。"わたし"が承認を求めようとする相手であるその人もまた、自分に対する他者からの承認を求める人である。そのためかれらが取り結ぶ友人関係では、承認を得るための過剰なほどの配慮や「優しい振る舞い」が必要とされることになる。かれらは互いに気づかい合い、かれらが集まるその場につくられる気分やノリに過剰に同調せざるをえなくなる。一見軽やかなノリでおおわれている空間は、各人のアンテナがはりめぐらされながらつくられる不安定な空間なのだ。かれらはその空間において、互いの出方を読み承認し合おうとする。たとえかれらが軽やかに振る舞っているように見えたとしても、その関係の内実は異様に重いものなのである[2]。

状況志向的な選択的コミットメント

　友人関係が濃密で気づかい合うものとなっているという指摘の一方で，それとはまた異なる友人関係の結び方も現れているのではないかという指摘もある。社会学者の浅野智彦らが行った若者調査では，多方面の友人と浅く広く交流しようとする「遠心」的な関係志向，友人といるよりひとりでいるときのほうが落ち着くとする「求心」的な関係志向，状況によって関係の結び方が変化する「状況」的な関係志向という，友人関係の結び方に関する3つの志向性が検出されている（浅野 1999）。なかでも浅野が「特別な注目に値する」と述べている（同上45頁）のは，3つ目の状況的な関係志向である。同じ調査の結果によるとこれは，「自己の複数性」（付き合いの程度に応じて異なる顔をみせる），「関係性の相互隔離」（交友関係の範囲は広いが，それぞれの関係は重なり合ってはいない）という特徴をともなっており，一見相手に深入りしないようなつきあいを志向するもののように，要するに「希薄」な関係であるかのようにみえる。だが実際にはこの志向性は，「その都度の没入」（あることがらについて，われを忘れて熱中して友人と話をすることもよくある）という特徴も併せもっている。つまり，友人ごとに複数の顔を使い分けて付き合うが，関係ごとに見せる顔それぞれが仮面のようなものではなく，それなりに本気であるような関係のあり方なのだ。このような関係を志向する人は，相手に対して揺るぎのない一貫した自己を提示しつつ関係をつくるというのではなく，関係ごと・状況ごとに異なる自己を呈示し，そしてそのつど親密な関係を取り結ぶのである。

　ここから浅野は次のような結論を導き出す。これまでは自己の内部に秘められた「内面」があると想定し，それを互いに開示できる度合いによって友人関係を「浅い‐深い」という軸の上に位置づけ，その関係の親密さを判断してきた。この図式においては，ある関係においてその当事者たちが互いに自己を開示できればできるほど，その関係が深く親密であるとみなされ，自己開示の程度が低ければこの関係は浅く親密ではないとされる。この図式で「深く親密である」とされる関係のことを，浅野は「包括的コミットメント」と呼ぶ。だが状況的関係志向においては，こうした「包括的コミットメント」に基づく関係性が追

求されず、多様な関係を取り結び、その関係ごとに異なる顔を見せつつも親密である、「選択的コミットメント」に基づく関係性が追求される。浅野は、いまこうした「選択的コミットメント」という友人関係の取り結び方が台頭しつつあると述べる(3)。

「キャラ」とは何か

ここまで見てきた、承認を求めて互いに気づかい合う濃密な関係においても、あるいは状況に応じて異なるかたちで関係に没頭する「選択的コミットメント」においても、しばしば関係の維持のための苦慮を余儀なくされる。一方の気づかい合う関係にあっては、それぞれが承認されることを渇望し、その場その場の浮動するノリに身をゆだねざるをえない。他方の「選択的コミットメント」では、なぜその関係に参入するのかがそのつど問われることになり、各人はその関係に適合するかたちでその回答を呈示していかなければならない。重要性は増しつつも不安定ななかでのやり繰りを強いられる友人関係というこの舞台において、冒頭でみた「キャラ」づくりのパフォーマンスが、その関係を円滑にする有効な手立てとなる。

社会学者の森真一は、「キャラクター」の略語である「キャラ」とは、若者たちのつくる集団内における「役柄」を意味しており、各人が自分の役柄を演じることで集団の凝集力が高まるという（森 2005）。たとえば、「いじられキャラ」は、集団内の人にからかわれたりかまわれたりする「役柄」であり、「強めのキャラ」は人に対して強気な受け答えを特徴とする「役柄」なのである。そして、各人がぴたりとその役柄になりきることで、若者は集団のノリを維持し、集団の凝集力を高めるというわけだ。だから若者は、集団内における構成メンバーの役柄の配置を意識し、互いにキャラの配役をしあうのである。

だがキャラは配役であり、その人の不変の特性を意味するわけではない。集団が変化することで役割は変わるし、集団内に同じようなキャラの人がいれば、異なる役柄へ配役が変わることもありうる。たとえば教室では「つっこみキャラ」だが、部活動では「いじられキャラ」に変化するというように、集団によ

ってその人の演じるキャラが変化することもありうる。だから，キャラとは不変の特性を示すものではなく，「関係依存的・文脈依存的・状況依存的に成り立つ自分」らしさなのである（浅野 2006, 250 頁）。

したがって，若者が互いにキャラを演じ合ったからといって，友人関係を維持することにともなう困難がすべてなくなるわけではない。何よりも，こうした友人関係では，いまおかれている文脈や相手の感情を読むための洗練されたセンスを常に要請されることになる。若者が口にする「空気を読む」といった言い回しは，友人関係のなかで言って良いこと・悪いこと・言うまでもないことなどを見抜くための鋭敏な感覚を，かれらが相互に要求し合っていることを反映していると，浅野は述べている（浅野 2006）。

さらに，キャラからはずれる振る舞いをすれば，存在基盤となっている居場所を失うかもしれないという不安が，つきまとい続ける。とりあえずキャラをつくれたからといって安住できるわけではなく，キャラからはずれてしまう自分をあふれださせないように感情のマネージメントを常に行わなくてはならない。その場の文脈や情報を適切に処理せよという，相互の暗黙の要請のもとで，若者は薄氷を踏むように感覚をとぎすまして，他者の反応を解釈・予測し，自己の表出の仕方をマネージメントするのである。

3 若者の同世代関係の諸類型とその発生・交代・分岐

では，若者の友人関係のそうした今日的なあり方は，どういう経緯のなかで生まれてきたものなのだろうか。3では，その点に関する1つの仮説的な見方を提案してみたい。その見方のポイントが，この節のタイトルに表現されている。それは，若者の同世代関係には，社会が近代化をとげていった以降の時期を念頭におくと，以下で示す第1の類型のそれが衰退し，代わって他の3つの類型が発生し分岐していくプロセスが見られるということ，そしてそのプロセスの進行を駆動するのは，英国の社会学者 A. ギデンズのいう「親密性の変容」という近現代社会の基本的な趨勢の1つである，ということである。以下，この点について説明していきたい。

「若者組・娘組」的同世代関係（第1類型）と共同体

　近代以前，若者を含め人々は，なんらかの「共同体」に属しながら生きていた。各共同体にはしばしば，そこに属する若者が，その年齢に応じて当然のように，時として半ば以上義務的に参加する集団が存在していた。日本の場合，中世末期以降の村落共同体内の小地域ごとに，「若者組」という集団がおかれていた。若者は，およそ15歳になると，自分の属する地域の若者組に加入した。若者組は，「若者宿」と呼ばれる活動の拠点をもっていた。若者は，そこに共に寝泊まりしつつ，祭祀等の行事の運営，自警，消防など，共同体にとって不可欠な機能の一端を担う活動を行っていた。年少の若者は，年長の若者とともにそれらの活動に参加するなかで，共同体で生きていくのに必要なもろもろのことがらを実地で身につけていったのである。なお，以上の若者組・若者宿は男性向けのものであり，それと対応する女性向けのものとして，「娘組」・「娘宿」があった。

　普通「友人関係」とは，"気の合う者同士が，各人の自由意思に基づいて，その関係それ自体に意味を感じて取り結ぶ関係"というようなものだろう。もちろん現実の友人関係は，そうしたあり方から多かれ少なかれ逸れたものであることのほうがむしろふつうかもしれない。だが当事者は，友人関係とは理念的にはそのようなものだと思い描きながら，その関係を取り結んでいるとはいえるのではないだろうか。そうだとすると，若者組・娘組に典型的に表れている同世代関係の類型は，当事者が上記のあり方を理念としても想定していないだろうから（若者組・娘組は，気が合う・合わないのいかんにかかわらず，共同体の若い世代である以上そこに所属することが当然視されているものであるし，その関係それ自体に意味を感じてというよりも，共同体にとって必要不可欠な機能の一端を担うべく編成されているものだから），まだ友人関係としての性格を十分に備えていないということになるだろう。

　若者組・娘組は，明治以降政府によって官設的な性格を帯びた青年団に改組されていくが，地域の若者を実質義務的に加入させる点は，青年団にも引き継がれる。したがって，その青年団が強い求心力をもっていた高度成長期以前の

諸地域における若者の同世代関係は，この類型の性格をまだ色濃く残していたと考えられる。

「友人関係」的同世代関係（第2類型）と「親密性の変容」

やがて，先に述べた"気の合う者同士が，各人の自由意思に基づいて，その関係それ自体に意味を感じて取り結ぶ関係"という，文字通り「友人関係」と呼べるような同世代関係が普及していく。こうした性格を帯びた関係のあり方のことを，ギデンズは，「純粋な関係性」と呼んでいる（ギデンズ 1995）。それは，当事者たちにとって"関係を結ぶというそのこと自体が目的であり，互いに相手との結びつきそのものが十分な満足を生みだしているとみなせるかぎりでその関係を続けていこうとする"，そのような関係性のあり方のことである。

家族関係，性愛関係，友人関係といったごく身近な者たち同士の間の親密性の領域は，人間社会に普遍的に存在してきたといっていい。しかし近代以前の社会では，たとえば夫婦関係にしても友人関係にしても，それらは，生活上必要ななんらかの協同関係と結びついた，同志的・制度的な関係という面が強かった。純粋に個人的な親愛感情に基づく結びつきということであれば，親密性の領域においてさえ，少なくともそれが人間の生にとって重要なものとして見なされ広く社会のなかに行き渡るのは，近代以降のことであった。ギデンズは，身近な人間関係領域が，そのような"純粋に個人的な親愛感情に基づく結びつき"を，要するに前段落で述べた「純粋な関係性」を原理として構築されるようになっていく趨勢のことを「親密性の変容」と呼んでいる。近代社会では，この親密性の変容のプロセスを通じて，文字通りの「人間関係」という自律的で独自の社会領域が編成されるようになっていったのである。

ギデンズは，親密性の変容は，近現代社会における「自己」なるもののあり方・その生のあり方の変容と結びついているという。それは，ギデンズの言う「自己の再帰的プロジェクト」なるものの出現・普及である。ギデンズ（2005）によれば，自己の再帰的プロジェクトとは，"自分とはこういう人間だ"という，自分についての物語（＝「自己アイデンティティ」）を，自分自身でつくり出し維

持し変化させていくという自己のあり方・生き方のことである。前近代の時代には，各人の自己や生のあり方は，共同体の規範・慣習によって定められ，またそれらによって支えられてきた。だが，自己の再帰的プロジェクトには，そうした強固な枠づけや支えはもはや存在しない。だがそのようななかでも，純粋な関係性こそが，その支えの役割を担う最大の要となる傾向がある。すなわち，前述のように自律化した人間関係でありその関係そのものの外側には基盤をもたない純粋な関係性は，その当事者たちがお互いに「相手に心を開くこと」を通じて相互の信頼を形成していくことなしに構築・維持されていくことができない。そして，そのプロセスのなかで，各人の思い描く自己アイデンティティの物語が，相手に語られ，それが相手に理解され承認され支援されるといったことも出てくる。そういう意味で，純粋な関係性は，各人が自己の再帰的プロジェクトを立ち上げ継続していくうえでの重要な支えとなるのである。

　なお，友人関係の理想として語られてきたのは，2でふれた「包括的コミットメント」というあり方である。良きものとしての「友情」としてさまざまなかたちで語られてきたものも，このあり方の種々のヴァリエーションをさしたものだといっていいだろう。やはり2で見たように，「困っている時に助けてくれる」あるいは「気持ちをよくわかってくれる」友だちがいるとする圧倒的多数の子ども・若者の回答からは，かれらの間で「包括的コミットメント」が一定程度実態的なものとなっていることも推測できる。そうした「包括的コミットメント」を理想として思い描きつつ，各友人との関係を，その理想との距離に応じて「浅い−深い」と位置づけ，それ相応のつきあい方をする——これが「友人関係」的同世代関係の取り結び方ということになるだろう。

「友人関係」と近代学校

　親密性の変容は，種々の親密性領域全般に及ぶ近現代社会の基本的な一趨勢である[4]が，そのうちとくに，若者の同世代関係におけるその変容（つまり若者の同世代関係の「友人関係」化）の場合，近代学校の普及がその重要な触媒の役割を果たしてきたといっていい。それは，以下のような意味である。

近代学校とそこにおける学級は、若者組・娘組が共同体の一定の機能を協同して担ったように、メンバー同士がともに果たすべきある共通の目的によって結ばれている、というタイプの集団ではない。したがって、そのメンバー同士の関係は、自分の意思のいかんにかかわらず定められた、なんらかの役割を担い合う者同士の関係ではなく、まさに各人の意思によって左右される、個人と個人との関係というタイプのものとなりやすい。つまり近代学校は、先に述べた「友人関係」というタイプの人間関係が形成されやすい環境なのである。

友人関係は、日本では、近代学校制度が確立していった明治後期から徐々に広まっていった。ただ、若者にとって学校生活よりも地域生活のほうがそのウェイトが高かったり、学校での同世代関係と地域での同世代関係がほぼ重なったりするような時期には、「友人関係」的同世代関係のもつ意味は相対的に低かったとみていいだろう。

気づかい合う「友人関係」的同世代関係（第3類型）

2で描いた、濃密で気づかい合う様相を見せる同世代関係がこれに当たる。2では、当事者が相互に、相手から承認を得、逆に相手を承認しようとする志向の強さが、この同世代関係の気づかい合いという特徴を生んでいると指摘した。

この類型の同世代関係も、「友人関係」である点では第2類型と同じである。後者がすでに備えていた、相互理解・相互承認という点に当事者たちがいっそう鋭敏になったときに現れてくるのが、この第3類型であると考えていいだろう。つまり、相手が自分にとって"承認に値する者"とみなせるかどうか、逆に自分が相手にとって"承認に値する者"とみなしてもらえるか、それらに関する感覚がいっそう鋭くなることによって相互の間の気づかい合いが強まったものが、第3類型なのである。

では、なぜそのような感覚が鋭敏になるのか？　それは根本的には、なんらかのいきさつから自分が属することになった集団を所与のものとして受けとめ、そのなかでなんとかやっていくのが当然と思うような感覚（第1類型の同世代関

係は，この感覚とぴったりと符合する）が次第に後景に退き（決して完全に消滅するわけではないのだが），代わって，"自分はこういう人間だ，こういう人間でありたい，こう生きたい"と自分の生き方を組み立てることが正当なことと認められ，その支えとなってくれることが期待される，親しく関係を取り結ぶ相手は「選択」するものだとする感覚が強まることによってであると考えられる。それは，要するに（「自己の再帰的プロジェクト」および）「純粋な関係性」の追求をよしとする趨勢が，言い換えれば親密性の変容がもたらしたものである。親密性の変容は，若者の友人関係において，一方で前述の「包括的コミットメント」の理想や実態を生みだしたが，他方で少なくとも一見したところではそれとは相当異なるもののように思える気づかい合う関係性をも生みだしたのである。

気づかい合う「友人関係」と学校・「生徒文化」

先に，第2類型の同世代関係が，近代学校を触媒にして広まったものであると述べた。第3類型の場合もやはり，学校を主要な舞台にして取り結ばれる，若者の同世代関係である。学校とこのタイプの同世代関係との間には，とくに取り上げて検討しておくべき関連性がみられる。そのことに関して1点だけ述べていく。それは，第3類型の同世代関係が広まりゆくのに並行して，若者の学校へのコミットメントの仕方にも変化が生じるであろうという論点である。この点を「生徒文化」という概念を用いながら論じてみたい[5]。

本書第4章で論じられているように，学校教師の職業文化である「教員文化」は，学校教師が学校制度のもとで教職を遂行するうえで直面せざるをえない難しい問題を乗り切り，教師としてのアイデンティティを構築・維持していく際の補助媒体としての機能を果たしている。生徒文化も，それと似た機能を果たす。すなわち生徒文化とは，若者が生徒として学校制度のもとで生きる際に直面する課題をどう意味づけ，それとどう折り合いをつけるかという点を主題にしながら構成された，かれらの行動様式・態度・価値観などから成るものである[6]。

日本で生徒文化についての研究がもっとも盛んになされたのは，1970・80

年代であったが，当時の生徒にとって，学業成績や学校ランクによる序列階梯上自分がどの位置に割り振られるかが重大な問題であった。そのため，そのことを主題にして生徒文化のあり方が分化することになった。つまり，ある一群の生徒が占めるそれら序列上の位置に対応して，かれらの生徒文化が「向」学校的なものから「反」ないし「脱」学校的なものへ分化していったのである。

しかし，学校という場において生徒が直面する課題は，もちろんそのようないわば正統的な学校的価値に基づく序列づけに関するものだけではない。かれらが学校を舞台に同世代の者たちとかかわり合い，そのなかで「友人関係」も築いていかなければならないとすれば，そのこともまた，かれらにとって重大な課題であり，生徒文化が構成される際の主題となりうることがらである。

近年の若者についての研究では，生徒としての若者における教育上の地位達成指向の減退傾向が指摘されている。そうしたなかで，若者にとって，学校において生徒として同世代関係をどう取り結ぶかということの意味が相対的に上昇してきていると考えられる。とくに第3類型の同世代関係の場合，その関係において，"気の合う者同士"であるかどうかを基準に互いを鋭敏な感覚を駆使して選択し合う，かなりストレスフルな行動を繰り広げなければならず，そのことは若者にとって，学校世界を生き抜くうえでの重大な課題としてせり上がってこざるをえない。おそらくそのことを反映したかたちで，生徒文化のあり方にも変化が生じているのではないだろうか。

「選択的コミットメント」に基づく「友人関係」的同世代関係（第4類型）

2で見た「選択的コミットメント」に基づく「友人関係」のあり方が，4番目の類型の同世代関係である。

この第4類型の同世代関係もまた，第2・3類型と同様に「友人関係」である。したがって，この類型を登場させたものも，第2・3類型の場合と同様に，所与の集団への所属を自明視する感覚が後景化し関係性を取り結ぶべき相手を選択することをよしとする感覚が強まりゆく趨勢，つまりは「親密性の変容」であるといっていい。ただし，第3類型が，しばしば自分の感情を押し殺して

まで気づかいをし特定の相手との関係性を持続させることに固執するのに対して，第4類型においてはそのような意味での気づかいはなされず，相手に応じて表出する自己の諸側面を分化させ，その相手向けの側面を心地よく表出していられる範囲でしかその相手とはつき合わない（しかし，その範囲ではとことんつき合う）というやり方が前景化することになる。第3類型においては，特定の相手との「包括的」な関係性の形成に固執している面がある（だから無理な気づかいをしてまで関係性を持続させようとする）のに対して，第4類型においては，誰とどのような関係性を取り結ぶかを「選択」するという契機がより純化されたかたちで表れている。したがってそれもまた，「純粋な関係性」であることがある方向で極限的に現れたものであるといえるかもしれない。

なお，第4類型の同世代関係がそのように関係性を取り結ぶ相手についての選択性が強化されたタイプであるとすれば，その関係性は学級・学校の範囲を超え出たものになる傾向が強まる。すなわち，「選択的コミットメント」という他者との関係の取り結び方にともなう特徴として，この概念を提唱した浅野が指摘しているように（浅野 2006），友人関係の形成・維持のための機会・方法の「多チャンネル化」傾向が進行しているのである。

また，②でも述べ，少し上の箇所でも関連する点を繰り返しているが，浅野（2006）は，「選択的コミットメント」は「多元化」された自己のあり方とセットとなっているととらえている。自己なるものの現状のこうしたとらえ方と，先に見たギデンズによる近現代を生きる人々の自己のあり方のとらえ方との異同は，検討すべき重要な論点である。つまり，ギデンズが「自己の再帰的プロジェクト」ということをいう際，自己なるものは，変化しつつも基本的に統合されたものであると想定されている。しかし，自己なるものは，ほんとうはそんなに統合されたものではないのではないか，なくてもいいのではないか，近年ますますそうでないような自己のあり方へと変化してきているのではないか——浅野による「自己の多元化」論は，このような論点を提示していることになる[7]。

3 において述べてきたことは，次のようにまとめることができるだろう。近現代社会の基本趨勢の1つである「親密性の変容」は，若者の同世代関係の領域においては，前近代の共同体社会が生んだ第1類型の同世代関係やその名残を次第に消滅させ，代わって「純粋な関係性」としての第2類型の同世代関係を登場させた。この第2類型は，「包括的コミットメント」の理想と実態を生みだすとともに，一方でそれが本質的にはらんでいる，相互に承認し承認されることを求めるがゆえの「気づかい合い」が高い強度をともなって表れたものとして，第3類型の同世代関係を派生させ，他方で同じく第2類型が本質的に備えている，関係性を取り結ぶ相手を「選択」するという契機が前景化したものとして，第4類型の同世代関係を派生させた，と。

4　若者のおかれている位置

以上，相互の援助や理解に満ちたものであることも少なくない一方で，互いに承認を求めて気づかい合い，関係性を取り結ぶ相手を「選択」しようとする志向の強まりによって不安定化するといった特徴をもつ今日の若者の友人関係の実態と，それが生起する歴史的経緯を見てきた。かれらの日常は，けっして易々としたものではない。絶えざる気づかいのなかで過ごしつつも，その気づかいを表面化させない努力に彩られているものとなっている。

こうしたかれらの友人関係から浮かびあがるのは，しばしば語られるように関係の希薄さやかれらのコミュニケーション能力の不足ではなく，むしろ新しいコミュニケーションのあり方が生起しているということなのであろう。その新しさがかれら自身や，あるいは社会に対して何をもたらすか，そこにはポジティブ・ネガティブ両方の可能性があるように思われる。そうした両義性がそれぞれどのように表れているかを精確にとらえつつ，その良き可能性が十全に発現するための条件はどのようなものであり，その条件を整えるためにはどうすればいいかを探っていく必要があるだろう。　【上間陽子／長谷川裕】

注

(1) 若者の友人関係が希薄化しているというとらえ方が誤りであるという主張は，比較的早い時期のものとしては，橋元 (1998) や辻 (1999) などにおいて述べられている。
(2) この項は土井 (2004) に基づいているが，ここで示したのと同様の友人関係のあり方がその後も引き続き見られることが，土井 (2008, 2016)，鈴木 (2015) などで指摘されている。
(3) この項で依拠した浅野 (1999) は，浅野も所属する青少年研究会による 1992 年の若者調査の結果に基づくものだが，そこで指摘されている「選択的コミットメント」の広まりの傾向は，その後同様の質問項目を盛り込んで行われた，同研究会による 2002 年・2007 年・2012 年の調査でも確認されている。浅野 (2006, 2013)，辻 (2016) 参照。それとともに，選択的コミットメントは，共通点のある者のみを選択し関係を結び合い，関わる者同士が「同質化」するという傾向を助長しているのではないかとの指摘もある。土井 (2016)，辻 (2016) 参照。
(4) 本書第 7 章では，家族という領域における親密性の変容過程が描かれているので，参照されたい。
(5) 生徒文化については，本書第 1 章も参照されたい。
(6) 生徒文化についてのこうした把握についてもう少し詳しくは，長谷川 (1996) を参照されたい。
(7) 注 (3) で示した研究は，「選択的コミットメント」の友人関係とともに，「自己の多元化」の広まりの趨勢も，若者のあいだで見られることを指摘している。

引用文献

浅野智彦 (1999)「親密性の新しい形へ」富田英典他編『みんなぼっちの世界』恒星社厚生閣
浅野智彦編 (2006)『検証・若者の変貌』勁草書房
浅野智彦 (2013)『「若者」とは誰か―アイデンティティの 30 年』河出書房新社
NHK 放送文化研究所編 (2013)『NHK 中学生・高校生の生活と意識調査 2012　失われた 20 年が生んだ"幸せ"な十代』NHK 出版
ギデンズ，A. (1995)『親密性の変容　近代社会におけるセクシュアリティ，愛情，エロティシズム』(原著 1992)
ギデンズ，A. (2005)『モダニティと自己アイデンティティ　後期近代における自己と社会』ハーベスト社 (原著 1991)
木堂椎 (2006)『りはめより 100 倍恐ろしい』角川書店
鈴木翔 (2015)「友だち」本田由紀編『現代社会論―社会学で探る私たちの生き方』有斐閣
瀬沼文彰 (2007)『キャラ論』Studio Cello
千石保 (1991)『「まじめ」の崩壊―平成日本の若者たち』サイマル出版会

辻泉 (2016)「友人関係の変容 流動化社会の「理想と現実」」藤村正之・浅野智彦・羽渕一代編『現代若者の幸福－不安感社会を生きる』恒星社厚生閣

辻大介 (1999)「若者のコミュニケーションの変容と新しいメディア」橋元良明・船津衛編『シリーズ・情報環境と社会心理3 子ども・青少年とコミュニケーション』北樹出版

土井隆義 (2004)『「個性」を煽られる子どもたち』岩波ブックレット633号

土井隆義 (2008)『友だち地獄－「空気を読む」世代のサバイバル』ちくま新書

土井隆義 (2016)「ネット・メディアと仲間関係」秋田喜代美編『岩波講座 教育 変革への展望3 変容する子どもの関係』岩波書店

「子どもの生活体験」研究グループ (2005)『現代教育改革の下での子ども・若者, その成長・生活・意識・集団形成－「子どもの生活体験とコア・リテラシー構造との関連解明」科研費研究プロジェクトの中間報告として－』

橋元良明 (1998)「パーソナル・メディアとコミュニケーション行動－青少年にみる影響を中心に」竹内郁郎・児島和人・橋元良明編著『メディア・コミュニケーション論』北樹出版

長谷川裕 (1996)「生徒文化－日本におけるその様態と変容」堀尾輝久他編『講座学校 第6巻 学校文化という磁場』柏書房

森真一 (2005)『日本はなぜ諍いの多い国になったのか』中公新書ラクレ

考えてみよう

1．新聞や雑誌の記事を「若者」というキーワードで検索し, 若者の語られ方に変化が見られるか, 見られるとしたらどのような点かを調べてみよう。
2．本章でみてきた類型以外の友人関係の形はないか, 時代や地域, 性別・年齢などの違いに留意しながら考えてみよう。

参考文献 (further readings)

A．ギデンズ『親密性の変容』松尾精文他訳, 而立書房, 1995年 (原著 1992年)

身近な者同士の関係性の領域が「純粋な関係性」(本文参照) を理念としたものへと変化していく「親密性の変容」という近現代社会の基本趨勢のひとつについて, とくに恋愛・婚姻関係を中心に論じられている。「純粋な関係性」がそれと不可分の「自己の再帰的プロジェクト」(本文参照) とともにかかえている困難 (主に, 「嗜癖」「共依存」の問題を取り上げている) や可能性 (主に, 公的領域における「民主制」の基盤となりうる点をあげている) が, 詳細に論じられている。

第6章 〈移行〉の教育社会学
——教育システムの機能と様態

1 〈移行〉の危機に直面する若者たち

　真面目に勉強して，学校を卒業し，そこそこの会社に就職し，それなりに満足できる生活を送る。そんな平凡ともいえる人生設計にさえリアリティを感じられない若者は少なくない。1990年代後半を境に，若年雇用が不安定化し，学校から仕事への〈移行〉が困難になっているからである。

　第1に，この30年間で安定した雇用条件で働く若者の割合はいちじるしく減少した。2018年現在，雇用労働者に占める非正規労働者の割合は，15-24歳で男性49.8％，女性55.8％，25-34歳でも男性14.7％，女性38.8％である（表6.1）。表6.1を見ると，とくに1990年前半から2000年代前半にかけてジェンダー差をともないながら（女性が一貫して高い）非正規雇用のいちじるしい増加があり，その後も高水準のまま推移している。また，非正規雇用の増加と平行して，労働条件が劣悪で，身心を疲弊し，早期離職が蔓延する正規雇用も増加していることが指摘されている（伍賀 2014）。

　第2に，非正規労働者の多くは，これまでの正社員が享受してきた企業内教育から排除されている。その一方で，公的な職業訓練体制も脆弱で，不安定な生活から抜け出すためのキャリアアップに必要な知識や技術を獲得することが難しい。

　第3に，親世代の収入の低下によって，在学時から働いて収入を得なければならない子ども・若者が増加している。家計を維持するために働かなければならず，学業に専念することすらできない「高校生ワーキングプア」はその典型である（NHKスペシャル取材班 2018）。かれらは高校中退を余儀なくされること

表 6.1　若年者の非正規雇用比率の推移

	総数			男性			女性		
	全体	15-24 歳	25-34 歳	全体	15-24 歳	25-34 歳	全体	15-24 歳	25-34 歳
1990	20.2	20.5	11.7	8.8	19.9	3.2	38.1	20.7	28.2
1995	20.9	26.0	11.9	8.9	23.7	2.9	39.1	28.3	26.8
2000	26.0	40.5	15.8	11.7	38.6	5.7	46.4	42.3	32.0
2005	32.3	48.2	23.7	17.8	44.6	13.2	51.8	51.3	38.3
2010	33.7	45.8	25.6	18.2	41.2	13.3	53.2	50.0	41.6
2015	37.7	50.4	27.5	22.0	47.2	16.5	57.0	53.6	41.3
2018	38.2	52.8	25.7	22.4	49.8	14.7	56.8	55.8	38.8

(『労働力調査』より作成)

も多く，また高校をなんとか卒業できたとしても，専門学校や大学に進学する経済的余裕がなく，そのまま非正規労働者になってゆくケースも多い（杉田 2015）。なんとか大学に進学した場合でも，親の仕送りや奨学金だけでは生活を賄うことができないため，アルバイト労働に従事し，頼みの綱の奨学金は卒業後に借金として重くのしかかる（大内 2017）。〈移行〉以前の在学時に働かざるを得ない若者ほど，〈移行〉後のキャリア形成が困難になっている。

　どうすればこうした状況を改善できるのだろうか？　学校教育に期待したり，責任を求める声は依然大きい。曰く，職業訓練や職業教育を充実させ，専門的な技術・知識を身につけさせるべきだ。曰く，キャリア教育の推進によって明確な進路意識をもたせるべきだ。これらの処方箋のすべてが不適切だというつもりはない。けれども，学校教育に社会改善を期待するときには慎重になる必要がある。というのも学校教育は，過大ともいえる人々の期待を受けながら，常にそれを裏切り続けてきたからである。この章では，学校教育＝教育システムが私たちの社会で果たす機能や，その機能を規定する社会的条件について考察することを通して，〈移行〉問題を理解する手がかりを探っていきたい。

2　近代社会における教育システム

　最初に現在の問題をいったん離れて，「近代社会」というより長期的な視野で，教育システムがどのようなはたらきをしているのかを整理しておこう。

〈移行〉の誕生と能力主義

　まず確認したいことは，近代以前の伝統社会では，学校から仕事への〈移行〉が問題化することはあまりなかったということだ。農家の子どもは農民に，商家の子どもは商人に，といったように生まれた身分によって将来の社会的地位や仕事が決まっていたからである。それどころか，生まれ育った地域共同体で，一生を終える人も多かった。そこでは，家族総出で家業に従事し，生活と労働は渾然一体としていた。人々は，幼いころから大人たちといっしょに労働に従事しているうちに，自然と共同体の一人前の成員へと成長することができた。伝統社会では，社会的地位や仕事は個々人が選択したり獲得したりするものではなく，「生まれ」によって与えられたものであると考えられていた[1]。

　近代社会はこのような自足的な世代サイクルを繰り返す伝統社会との断絶のうえに登場した社会である。通信手段と交通手段の発展によってヒト・モノの移動が激化し，人間関係・社会関係が流動的になり，また，社会的分業が複雑化していく中で，職住分離が進み，生活と労働が一体化した伝統社会の世代サイクルは崩壊していった。もはや，親の背中を見ていても，自分の将来はわからない。個々人が自分自身で仕事を獲得し，家族をつくり，自分自身の人生を歩まねばならない時代が始まったのである。社会的地位や仕事を選択し，獲得するプロセスとしての〈移行〉が，個々人にとってのっぴきならない課題となる背景には，このような近代化にともなう社会変動が存在していた。

　近代に入ると，地位や身分などの「生まれ」ではなく，個々人の「能力」によって社会的地位や仕事を決定する能力主義という社会原理が支配的になる。興味深いのは，この能力主義という社会原理は「欲望」と「不安」を喚起することで，人々を競争へと駆り立てる力をもっていることである。能力主義は，一方で，自分の社会的出自の制約を超えて，競争に打ち勝ち，経済的・社会的に恵まれた地位や財産を獲得する「欲望」を喚起し，人々を「加熱」する。その一方で，能力主義は，能力いかんによって，低賃金で過酷な仕事に従事したり，失業する可能性をちらつかせ，人々の「不安」を煽る。仮に満足な仕事に就けたとしても，近い将来その仕事がなくなる可能性があるため，また人々は，

さらに能力をつけるべく競争へと「加熱」される。注意すべきは，「生まれ」ではなく「能力」を評価することを基本原理とする近代社会では，この「不安」はけっしてなくならないということだ。「生まれ」と異なり，「能力」は可変的であり，現在の評価が今後も維持されるとはかぎらないからである[2]。そもそも，ある能力を特定の個人の所有物としてみなしたり，ある個人の労働の成果がその個人の私的所有物になるといった能力主義の前提は，自明ではない[3]。能力主義は本来的に曖昧さをふくみ込んだ原理なのである。

それゆえ，能力主義は近代社会の「実体」であるというよりは，「理念」である（中村 2011）。近代社会は能力主義が実現している社会ではなく，能力主義でなければならないと考えられている社会であるということだ。能力主義が人々の支持を集めたのは，その内実がどんなに曖昧であったとしても，出自に関わりなく，個々人の努力と才覚による職業的達成の可能性を肯定する公平な原理だと考えられたからである。しかしながら，実際にはそうした公平な社会は実現していない。だからこそ，人々は「本当の能力主義」を求めて選抜方法の改善を求める一方で，自らの能力が評価される可能性に期待し，競争に参加し，社会の近代化を推し進めようとしたのである。

教育システムの２つの機能

教育システムは，以上説明してきた近代社会の原理の上に成り立っている。教育システムが果たしている２つの機能を説明しておこう。１つは，子どもたちを〈教育〉する機能である。〈教育〉概念の詳細は他章に譲るが，ここで確認しておきたいことは，近代社会に入って登場した〈教育〉が，伝統社会の人間形成のあり方とまったく異なっているということだ。すでに見たように伝統社会の人間形成は，生活と労働が混然一体となったローカルな文脈に埋め込まれた知識・技術・規範を，そこに埋め込まれた関係を通して伝達するというものである。それに対して，〈教育〉は，世の中に存在する知識・技術のなかから，教えるべき知識・技術を選択・組織・編成し，日常生活と切り離された学校という空間で，教師−生徒という独自の関係を通して，伝達していくことに特徴

がある。日常生活に埋め込まれているがゆえにすぐれて実用的な知識や技術の伝達と，実用性は低いが，生活からいったん切り離されているがゆえに，それ独自の意義をもった知識・技術の伝達を可能にする〈教育〉，両者の優劣は簡単にはつけられない。重要なことは，生活からの「脱埋め込み」化を基本原理とする〈教育〉という営みが，本来的に人々の生活との馴染みにくさをかかえているということだ。

　それにもかかわらず，人々はなぜ学校教育に引き寄せられていったのだろうか。それは，近代化にともなう能力主義の普及拡大のなかで，教育システムでの〈選抜〉で勝ち残ることが，〈移行〉を成功させるうえで重要な意味をもつようになったからである。近代教育システムは，近代以前の寺子屋や藩校のような身分別・自発的な学校とは異なり，階級，地位，身分にかかわりなく，国家主導ですべての子どもに同じ〈教育〉を受けさせようとするものである。そこでは，本人の社会的出自と無関係に評価が行われ，成績上位者のみが，上位の教育機関に進学することができる。このように教育システムは，ひとつの自己完結した能力主義的な〈選抜〉機能を有している。

　重要なことはこのように教育システムが独自に行う〈選抜〉が，職業選抜の過程においても支配的な位置を占めるようになっていったことである（天野 2006）。とくに日本のような国家主導で急速な産業化・近代化を進めた後発近代化国では，伝統的な産業部門との間の明確な分断の上に近代的な産業部門が確立されていったため，学歴が近代的な産業部門への唯一のパスポートとして位置付いていく（ドーア 1978）。衰退しつつある伝統的な産業部門から近代部門への移動をするべく，人々は学歴獲得競争にコミットしていった。

3 教育システムの相対的自律性

　前節で確認したように教育システムは，ほかの社会領域から分化した〈教育〉機能を有すると同時に，それが有する〈選抜〉機能が他の社会領域における能力主義的選抜と結びつくことで社会的な支持を拡大してきた。このことは，教育システムはほかの社会領域からの「自律性」を有すると同時に，その存立基

盤において本来的にほかの社会領域に「従属」していることを意味している。教育システムに「何ができるか」を考えていく際，このような両義的な性格をていねいに理解することは不可欠だ。ここでは，教育システムの様態を記述する枠組みを発展させてきたバジル・バーンスティンの議論を紹介しながら，教育システムとほかの社会領域——本節では〈教育から仕事への移行〉という問題の性質上，生産システムを扱うが——との関係を整理していきたい。

バーンスティンの教育システム論

教育システムと生産システムとの関係については，教育を通して獲得した専門的な知識・技術が職業社会での地位を規定すると考える「技術機能主義」，入職後の訓練可能性や潜在能力を測るための代替指標として学業達成度が機能していると把握する「スクリーニング理論」，「教育の社会的関係が生産の社会的関係と構造的に対応して」(ボールズ&ギンティス 1985, 223頁)おり，教育制度は資本主義社会における階級構造に対応した従順な労働力を養成していると主張する「対応理論」などがある[4]。ここでバーンスティンの教育システム論を紹介するのは，それらの理論と比較して，教育システムの生産システムからの「相対的自律性」を把握することにより自覚的だからである。「相対的自律性」とは，ここでは，生産システムに一定程度規定されながらも，教育システムがそこに還元されない独自の機能や働きを持つ様子を意味している。「相対的自律性」の視点があることで，「自律」-「従属」といった二項的な把握を乗り越えた両者の多様な関係を把握することが可能になる。

バーンスティン(1985)の主張の骨格は，教育システムと生産システムの関係を論じる際に，「システム関係」と「分類」の2つの位相をきちんと区別する必要があるというものである。「システム関係」の位相とは，それぞれ独立したシステムとしての教育と生産の対応関係に関する位相である。バーンスティンは，教育システムは生産システムにおおむね適合的な一般的技能や特殊技能，心理的特性を創出していると認めつつも，教育システムが創出する成果と生産システムから期待される成果との間には，3つのレベルにおいて矛盾と不

表 6.2 教育の成果と生産からの期待との間で矛盾と不一致が生じる3つのレベル

レベル	「教育の成果」の具体例
①各カテゴリーの人員配分の割合	・新規中卒者／高卒者／大卒者の人数比率 ・学科毎の人数比率
②各カテゴリー間の関係	・教科間学科間の関係 ・六・三・三・四制という学校階梯など
③各カテゴリーの実現（技能や心理特性の形成）	・従順で実直な心性／積極的で自発的な心性 ・基礎学力／応用能力など

（バーンスティン1985, 201頁を参考に作成）

一致が生じていると指摘している。その詳細は表6.2を参照してほしい。たとえば，大卒技術者の供給が枯渇している場合，「各カテゴリーの人員配分の割合」のレベルで，生産の期待と教育の成果との間に不一致が生じていることを意味する。

このように3つのレベルを区分することで教育と生産の関係を精緻に把握することが可能となるが，ここで重要なことは，こうした教育と生産のシステム関係をどのように改変・維持するかをめぐって常に社会集団間で争いが生じているということである。たとえば，職場体験学習の導入をどうとらえるかは，産業界，文部科学省，教員集団，保護者，生徒，それぞれの立場によって異なるだろう。そして，そのような争いの中で，私たちの社会の教育システムは成立している。ただし，生産システムが教育システムを規定している力が強いため，いかなる教育システムであろうとも，既存の生産システムに一定程度機能的でなければ，維持・継続され得ない。

以上のシステム関係をふまえつつ，教育の生産からの相対的自律性をとらえるうえでバーンスティンが重視するのは，そもそも両者がどれほど分離しているかを意味する「分類」の位相である。というのも，教育システムが独立して存立していることそれ自体自明ではないからである。たとえば，2で示したように，教育と生活・労働が同じ場で同じ論理で行われている伝統社会においては，子どもに対する介入は，もっぱら日常生活に埋め込まれた労働に関するしつけが中心であった（広田 2001）。その意味で，教育システムは生産システ

ムから分立しておらず，分類は非常に弱かった。その反対に，日常生活から教育システム・生産システムが分立している近代社会では，教育と生産とがそれぞれ異なる領域で，異なる論理で行われており基本的に教育と生産の分類は強い。もちろん，近代教育システムの中でも，現場実習に重きをおいている医学教育や看護教育，あるいは生産現場での労働を実習とするデュアルシステムなどのように，生産と教育の分類を弱めた領域は部分的には存在する。しかし，そのような分類を弱める取り組みも，教育システムと生産システムとが全体的に強い分類状態にあることが前提となっている。

　バーンスティンによれば，生産と教育の分類が強いほど，生産からの教育の相対的自律性は高い。生産と教育の分類が強まると，教育実践とその実践が寄って立つ物質的基盤との関係が希薄なものにならざるをえないからである。たとえば，生産現場から離れた工業高校で，現場で役立つ技術教育を行うとしよう。そこでどれほど生産現場で使われている「現場の技術」そのものを伝達しようとしても，学校で技術教育として編成された技術は，「現場の技術」そのものではなく，「(教師の) 想像上の現場の技術」にしかなりえない。このように，教育と生産の分類が強いかぎり，教育の内実が生産のあり方に直接的に規定されることはない。その両者の間隙の存在によって，先に指摘したような両システムの間にズレが生じ，〈教育〉をめぐる諸集団間の争いが生まれる。

　近代社会における〈移行〉の難しさとは，基本的にはこのような2つのシステムの分類の強さによって生じている。というのも，生産から切り離されることで教育システムは独自の論理に基づいて〈教育〉を行い〈選抜〉することが可能となるが，そうした教育システムの「成果」を生産システムの側は教育の論理とはまったく別に評価することが可能になるからである。高学歴を得たとしても，社会的地位の高い職業につけるかどうかは，生産システムの側の都合によることになる。結果的に〈教育から仕事への移行〉は不安定化せざるをえない。一方，教育と生産の分類が弱まると上述したような教育と生産の矛盾や不一致から生じる〈移行〉の不安定性は一定程度減少するだろう。しかし，生産に直接役立たない知識・技術の伝達は軽視されやすいし，生徒の進路選択の

幅も強く限定される。このように教育システムと生産システムの分類の強弱について何がよいかを一概に決めることはできない。重要なことは，「システム関係」と「分類」を識別し，時々の〈移行〉問題を生み出している教育システムと生産システムの関係のあり方をていねいに把握することである。

4 戦後社会における〈移行〉の制度化過程

現在からは想像もつかないかもしれないが，世界から注目を集めるぐらい戦後日本社会の〈移行〉は安定していた。なぜそれが可能だったのだろうか。3で見た教育と生産の関係のとらえ方をふまえながら，戦後日本社会に形成された〈移行〉システムを概観したい(5)。

教育爆発の時代

戦後の〈移行〉システムが形成されたのは，1960年代から70年代半ばにかけての高度成長の時代である。まず，教育機会が爆発的に拡大した。戦後直後から60年ごろまでは，高校進学率は50％前後，大学進学率は10％程度で落ち着いていた。60年に入ると，両者とも急上昇し，わずか15年後の75年には高校進学率は90％を超え，大学（短大含む）進学率も37％にまで達した。戦後の日本社会はほかの先進諸国と比較しても例を見ないほどのスピードで教育の大衆化を実現した (苅谷 1995)。

急激な教育機会の拡大の背景には，日本社会の大規模な構造変化とそれに規定される人々の教育意識の変容があった。実は，1950年代までの日本社会は，産業化が進んだとはいえ，およそ40％は農業従事者で占められており，2で見たような地域共同体をベースとした世代サイクルが残存していた。戦後の義務教育制度は普及していたものの家業の事情で欠席する子どもも少なくなかったし，学業達成の必要性もさほど感じていなかった。中内敏夫 (1998) が指摘するように，地域共同体の人づくりがいまだ学校の論理とは相対的に独自に維持されており，あとの時代に比べれば彼らのライフコースは生まれ育った共同体のなかに深く埋め込まれていたからである。

しかしながら，1950年代後半ごろから第2次産業・第3次産業の拡大が急速に進むと，日本社会はわずか15〜20年ほどで農業中心社会から工業中心社会へと大変貌をとげた。1970年代には農業従事者の割合はわずか10％程度にまで落ち込んだ(6)。このような産業構造の転換の中で，農村共同体で生きてきた多くの人々も家業継承を断念し，自らの労働力を商品化する雇用労働者へと転身していった。一方での第2次産業の労働現場でも，エネルギー革命や技術革新によってそれ以前の「カンやコツ」に依拠した知識技術が陳腐化し，技術革新への適応力や近代的な管理機構のもとでの規律に従うことが求められるようになった。高度成長期は，伝統社会での自足的な世代サイクルの基盤が崩壊し，そこから放り出された人々が自分自身の力で必要な技術・知識を獲得し，自分自身の能力で職業を獲得しなければならない社会へと移り変わる時代だった。

経済計画と教育計画の一体化

 政府は，その産業政策の一環に教育政策を位置付けていた。当時先進諸国で流行していた人的資本論（教育水準の向上が生産力の向上に結びつくという考え方）が提唱され，科学技術教育を振興し，経済成長に必要な良質の労働力を養成することがめざされた。とくに戦前の旧制中学以来の進学教育中心の高等学校のカリキュラムのあり方は，産業界からの批判も強く，政府・文部省は，高等学校をより生産システムに適合的な職業教育に比重をおいたものへと再編成することを重要な課題として掲げるようになっていった（教育と生産のシステム関係の調整）。60年の『国民所得倍増計画』では試算された労働力需要に基づき，毎年8万5000人の工業課程高校生の増員計画が示され，また63年の『経済成長における人的能力計画の課題と対策』では，経済計画に即した教育計画のあり方をより包括的に提示し，職務分業が明確な近代労働市場の形成に合わせて学科を再編する方向性が示された。「教育においても，社会においても，能力主義を徹底する」というスローガンを打ち出し，能力主義原理の浸透を図った。

高校全入運動と一元的能力主義秩序

　しかしながら，高等学校の職業教育は，実際には進展しなかった。表6.3からもわかるように，1960年代中盤に工業科・商業科の生徒数割合は微増するものの，1960年代を通じて普通科・職業科の生徒比率は一貫して6：4で維持されている。職業教育化が進まなかった大きな理由の1つは，職業教育重視の教育政策が当時盛り上がりを見せていた教育運動と真っ向から対立していたことである。ベビーブーム世代に対応した高校増設要求から始まった高校全入運動は，総合制，男女共学，小学区制の「高校三原則」を掲げ，職業学科の増設は職業差別を教育上の差別に持ち込むものとして批判した。とりわけ，当時の高校進学要求はホワイトカラーへの入職願望に後押しされており，実質的に工場労働者の養成機関として位置付けられていた工業科の増設はホワイトカラーへの入職ルートを狭めるものとして忌避された。

　また，高度成長が進む中で，大企業を中心とした産業界が戦後の高校職業教育をさほど評価しなくなっていったことも大きい。たしかに，新規高卒者が相対的にエリートだった1950年代ごろまでは，職業学科の専門性は企業からも高く評価されていた。しかしながら，60年代に入り高校進学率が上昇し，中卒労働力の不足を埋めるためにブルーカラー労働者として新規高卒者を大量に採用するようになると，高校専門教育はさほど必要とされなくなっていった。加えて，戦後社会の中で企業横断的な労働組合が発展せず，個別企業ごとの活動を中心とした労働組合が支配的になるなかで，労働者の職場に対する統制力

表6.3　高度成長期における高校・大学進学率推移＋高校在籍生徒数比率推移

		1955	1960	1965	1970	1975	1980
高校進学率		51.5	57.7	70.6	82.1	91.9	94.2
高校在籍生徒数比率	普通科	59.8	58.3	59.5	58.5	63.0	68.2
	農業科	7.8	6.7	5.2	5.3	4.5	3.8
	工業科	9.2	10.0	12.3	13.5	11.8	10.3
	商業科	14.3	16.5	16.9	16.4	14.5	12.5
大学・短大進学率		10.1	10.3	17.0	23.6	37.8	37.4

（『学校基本調査』より作成）
＊高校進学率において通信制課程は除いた。

が弱化していったことも，高校専門教育の地位低下を促進した。というのも，そのことで，大企業を中心として，労働者の職務を明確化せず，頻繁に配置転換をすることで効率的に労働力を活用する労務管理が可能になっていったからである。そのような労務管理のもとで評価されるのは，特定の職務に即した専門知識・技術を有した労働者であるよりも，さまざまな職務に対応することができる，いわば「潜在能力」の高い労働者であった。次第に職業高校出身者は「専門性にこだわりすぎている」「柔軟ではない」といった批判を受けるようになり，70年代には職業高等学校「不要論」までもが登場した。

　また，生産と教育の分類を弱める取組みがほとんど進展しなかったことも戦後教育の特徴である。1960年代初期には，定時制の専門学科と企業とが連携して職業教育を行うべく「連携制度」（教育と生産の分類を弱める施策）などの取組みもあったが，広まっていかなかった。産業界が企業内教育による人材育成で十分だと判断し，公教育との連携は逆に生産システムへの介入という意味で足かせになると考えたからである。また，教育の自律性を追求した戦後の教育運動も，生産と教育の分類を弱める動きには真っ向から反対した。

「間断なき移行」の確立

　ところで，上述したように専門的な知識・技術よりも，「潜在的能力」の多寡を重視するようになった企業は，採用時にその代替指標として「学歴」や普通学力偏差値を重視するようになっていく。乾彰夫（1991）は，このように企業から学校教育を貫いて職種ごとの専門性がベースとなった多元的な能力軸が成立せず，学力偏差値のような一般的・抽象的な尺度へ一元化された日本社会の能力主義のあり方を「一元的能力主義」と名づけている。重要なことは，「一元的能力主義」を通した〈移行〉が学校と企業との間に確立された「制度的なリンケージ（連結）」によって補強されていったことである（苅谷他 2000）。具体的には，学校と「実績関係」のある企業が直接個々の学校に求人を出し，学校側がその企業に送り込む生徒を学業成績に準拠した学校内での選抜によって決定する仕組みのことである。この仕組みは，経済成長が続くなか，毎年一定の

質を保った新規高卒者を確実に採用したい企業と，生徒を確実に就職させたい学校側の双方の利害が合致することで成立していた（苅谷 1991）。3 で指摘したように，一般的に教育と生産の分類が強い場合，学校から職業への移行は不安定化しやすいが，こうした制度的リンケージの存在によって，戦後日本社会では学校から仕事への「間断なき移行」（同上書）があたかも当然のように達成されていた。

企業社会の競争との連動

このような〈移行〉システムの形成・確立と軌を一にして戦後の日本社会ではあらゆる階層を巻き込んだ熾烈な学歴獲得競争が席巻した（久冨 1993）。興味深いのは，右肩上がりの成長が終焉し，パイの拡大が望めなくなった高度成長期以降も競争状況が続くばかりか，激化したことである。その第 1 の理由は，福祉国家化が停滞し，公的な生活保障・社会保障の整備が立ち後れたことにある。そのため生計が賃金に依存する割合が高く（後藤 2005），少しでもいい学校に進学し，待遇のよい企業に入職し，出世することが生活を改善・安定させるための必須条件とならざるをえなかった。また，1960 年末代以降の企業における「能力主義管理」の導入は，ブルーカラー・ホワイトカラーを問わず，業績次第で昇進・昇級する可能性を開き，労働者間の競争を加熱し，そうした競争秩序が個々の家族を深く巻き込んだ学歴獲得競争へと連動していった。第 2 に，このような能力主義的な競争秩序が支配的な社会状況に，高度成長期を通じて形成された教育システムがきわめて適合的であった。というのも，日本の教育システムが，生産との間に強い分類を維持していたため，教育内容の是非が問われることなく学力偏差値という一元的な尺度にそった独自の序列が形成され，それが教育の選抜競争の絶対的な軸となったからである（沖津 1991）。とりわけ，竹内は偏差値に沿った細かな序列が形成されている戦後の高等学校のあり方を「傾斜選抜システム」と名づけ，たとえトップクラスの学校への進学が困難な場合でも，少しでも偏差値の高い学校へ進学すべく，子どもたちを学歴獲得競争へと加熱させ続けることができたと指摘している（竹内 1995）。

ただし、企業社会で形成された一元的能力主義秩序ならびにそれと連動した学歴獲得競争は、男性が主たる稼得者となり、女性が家事・育児を担う性別役割分業に基づく近代家族の形成とセットになっていた。高度成長期以降も女性向けのキャリアトラックは、早期の結婚退職が前提となっており、昇進の機会は閉じられ、男性と比較し賃金は低く抑えられてきた。こうした企業内の男女差別と進路選択のジェンダー差は連動しており、たとえば、高度成長期を終えても高等教育機関の進学率の男女差は維持されたままであった。学歴獲得競争が激化している時代にあっても、女性は早期に「冷却」されていたのである。

いずれにせよ、このような戦後の移行システムは、日本の生産システムが本格的に転換し始める1990年代中ごろまで維持され続けたのである。

5 社会変動のなかの〈移行〉システム

1990年代以降、経済のグローバル化に対応すべく、企業は、終身雇用・年功賃金を基本とした日本型雇用慣行を見直すと同時に、正規雇用を切り詰め、非正規労働力を拡大するようになった。その結果、「学校経由の就職」は崩壊し（本田 2005）、[1]で述べたとおり、〈移行〉は急速に不安定化している。また、終身雇用を前提とした企業内教育は衰退し、企業は労働者に対して潜在的能力よりも実用的な知識・技術をもった「即戦力」を求めるようになってきている。しかし、これまで労働者養成において、企業内教育に依存してきた日本社会には、公共的な職業教育・訓練システムが十分に整備されていない。さらに、生活保障・社会保障制度が脆弱なため、雇用条件の悪化にともなう賃金収入の低下が、たちまち生計維持の困難に直結し、多くのワーキング・プア層が生まれている。現在日本社会が直面している〈移行〉の危機は90年代後半以降の労働市場の変化に起因しているのはもちろんのこと、それ以前に形成されてきた戦後の〈移行〉システムのあり方それ自体によって深刻化している（本田 2014）。

冒頭の問いに戻ろう。現在の〈移行〉の危機を改善するために教育システムに何ができるのか。そのような教育システムを支えるためには、どのような社会的条件が必要か。ここでは教育システムと生産システムの2つの関係（シス

テム関係と分類）それぞれの位相で試論的に示してみたい。

　第1に，教育システムと生産システムのシステム関係を調整する方向性である。職業教育軽視の現状にあって，〈教育〉の「職業的レリバンス（意義）」を高めることは，生徒の仕事への〈移行〉を水路づける上で一定の効果が期待できる（本田 2009）。ただし，その際，職業で必要な知識・技術は「客観的」に存在するものではなく，社会的・文化的な構成物であることに注意する必要がある。たとえば，管理者側が求める現場労働者の能力と，現場労働者自身が求める能力との間には，相当程度の食い違いが生じるだろう。職業教育をつくっていく際，それが誰の立場に立ったどんな労働者を育てるものになるのか十分に吟味する必要がある。また，職業教育で知識や技能を習得すればそれに見合った就職が可能になるといった「技術機能主義」的な前提は退け，現在は崩壊しつつある「制度的リンケージ」の代替機能を公的介入によって再設定する必要がある。また，労働者に必要な知識は，直接的な職業技術・技能だけには限らない。職場で理不尽な目にあったときには〈抵抗〉できるようになるために，各種労働法の知識を獲得させると同時に，それらを使いこなし，仲間をつくりつつ，相手と交渉することを可能にする技術を獲得させることが求められる[7]。

　第2に，教育システムと生産システムの分類の弱い領域を拡大する方向である。教育と生産の分類を一元的に弱めることは困難であるとはいえ，インターンシップ制度やデュアルシステムなどのように，生産現場と教育現場の分類を部分的に弱め，職場に埋め込まれた知識や技術をリアルなままで伝達しようとすることは可能である。ただし，生産と教育の分類が弱まるとそこでの教育のあり方は，その職場の労働実態に直接的に規定される。たとえば，サービス残業が常態化している職場でのインターンシップは，そのような職場を自明視する労働者を養成することにもなりかねない。人が成長することができるまっとうな労働環境を再生するために，生産システムへの公的介入が求められる。

　分類・システム関係のどちらの調整においても，〈移行〉の危機を克服するためには，生産システムへの介入がともなわざるをえない。生産システムをそのままにして教育システムの微調整を繰り返すだけでは，〈移行〉の危機は解

決しえない。また，非正規社員であっても，まっとうな生活が維持できるだけの社会保障・社会福祉の整備は欠かせない。とりわけ，賃金収入に依存した生活モデルを相対化し，生活保護制度をはじめとする社会保障・社会福祉を有効に活用する方法を学校教育で伝達することが必要である。

　第3に，移行を学卒後の職業選択にとどまらない生活全体と関わる問題としてとらえていくことが必要である。2000年代以降の若者研究では，闇雲に高い給与を求めて都市部に出て行くよりは，生まれ育った地元で生活する志向性をもった若者の存在に注目が集まっている（轡田 2017）。あるいは，支配的なジェンダー規範にとらわれずに自分らしい生き方を模索する動きも生まれており，求める家族のあり方も多様化しつつある（牟田編 2009）。私たちは賃金や職種だけで職業を選択しているわけではないし，職業だけで人生が決まるわけではない。将来的に，どこで，誰と，どのように暮らしたいのか。〈移行〉を支援する教育は，こうした包括的な人生設計を射程にいれて構想される必要がある。

　最後に，雇用の流動化など人間関係の不安定化が進む現代社会において，学校で培われた人間関係が学校卒業後も若者たちの社会関係資源になっていると指摘されている（乾編 2013）。〈脱埋め込み化〉された知識・技術の伝達を主たる役割としてきた教育システムであるが，その過程で形成される「埋め込まれた」関係の意義に光が当てられるようになっている。そのような視点をもったとき，毎日の授業，あるいは文化祭や体育祭などの特別活動など学校の日常を構成する諸活動でどのような関係がつくられているのかが，若者たちの移行を支えるうえで重要な意味をもっていることが改めて認識される。

【松田　洋介】

注
（1）　この段落の記述は小熊（2006）を参考にした。
（2）　この段落の記述は，奥村（1997）を参考にした。
（3）　能力主義に対する根底的な批判として，立場は異なるが，竹内章郎と立岩真也の議論を参照してほしい。竹内（2007），立岩（1997）など。
（4）　周到なまとめとして竹内（1995）などを参照してほしい。
（5）　以下の記述は，木村（2015），橋本・木村他編（2011）などを参考にした。

（6） 第7章の図7.1を参照してほしい。
（7） たとえば，労働者としての権利を教えることを骨格とした，熊沢誠（2006）の「膨らませた職業教育」論は，労働者の立場に立った職業教育の提案である。

引用文献

天野郁夫（2006）『教育と選抜の社会史』ちくま学芸文庫
乾彰夫（1991）『日本の教育と企業社会』大月書店
乾彰夫編（2013）『高卒5年 どう生き，これからどう生きるのか』大月書店
NHKスペシャル取材班（2018）『高校生ワーキングプア』新潮社
大内裕和（2017）『奨学金が日本を滅ぼす』朝日新書
小熊英二（2006）『日本という国』理論社
沖津由紀（1991）「「システム間関係の比較歴史社会学」の可能性」日本教育社会学会『教育社会学研究』第49集
奥村隆（1997）「文化装置論になにができるか」奥村隆編『社会学になにができるか』八千代出版
苅谷剛彦（1991）『学校・職業・選抜の社会学』東京大学出版会
苅谷剛彦（1995）『大衆教育社会のゆくえ』中公新書
苅谷剛彦，菅山真次，石田浩編著（2000）『学校・職安と労働市場』東京大学出版会
ギデンズ，A.（1993）『近代とはいかなる時代か？』而立書房（原著 1990）
久冨善之（1993）『競争の教育』労働旬報社
木村元（2015）『学校の戦後史』岩波書店
轡田竜蔵（2017）『地方暮らしの幸福と若者』勁草書房
熊沢誠（2006）『若者が働くとき』ミネルヴァ書房
伍賀一道（2014）『「非正規大国」日本の雇用と労働』新日本出版社
後藤道夫（2001）『収縮する日本型〈大衆社会〉』旬報社
後藤道夫（2005）「現代のワーキングプア」『ポリティーク』Vol. 10，旬報社
杉田真衣（2015）『高卒女性の12年』大月書店
竹内章郎（2007）『新自由主義の嘘』岩波書店
竹内洋（1995）『日本のメリトクラシー』東京大学出版会
立岩真也（1997）『私的所有論』勁草書房
ドーア，R.P.（1978）『学歴社会』岩波書店（原著 1976）
中内敏夫（1998）「六・三・三制の社会史」『匿名の教育史』藤原書店
中村高康（2011）『大衆化とメリトクラシー』東京大学出版会
橋本紀子・木村元・小林千枝子・中野新之祐編（2011）『青年の社会的自立と教育』大月書店
バーンスティン，B.（1985）『教育伝達の社会学』明治図書（原著 1977）

広田照幸 (2001)『教育言説の歴史社会学』名古屋大学出版会
ボールズ, S., ギンティス, H. (1985)『アメリカ資本主義と学校教育Ⅰ・Ⅱ』岩波書店（原著 1976）
本田由紀 (2005)『若者と仕事』東京大学出版会
本田由紀 (2009)『教育の職業的意義』ちくま新書
本田由紀 (2014)『社会を結びなおす』岩波書店
牟田和恵編 (2009)『家族を超える社会学』新曜社

考えてみよう
1. 非正規労働者の若者たちは，どのような毎日を過ごしているのだろうか。そこにはいかなる男女差があるだろうか。

参考文献（further readings）
本田由紀『社会を結びなおす』岩波書店，2014 年
　戦後日本社会の特徴を「戦後日本型循環モデル」という視点から読み解き，その崩壊が現代日本社会の危機的状況を生み出していることを明らかにする。若者が直面している学校から仕事への移行をめぐる困難を，広い社会的文脈に位置づけて理解することができる。ブックレットなので読みやすく，初学者が教育社会学のアクチュアリティをつかむには最適。

杉田真衣『高卒女性の 12 年』大月書店，2015 年
　4 人の高卒女性の 12 年間の軌跡を淡々と記述したライフヒストリーを読むと，不安定な労働世界に翻弄されながらも，自らの生活をつくろうと試行錯誤している様子が浮かび上がる。また，そうした彼女たちのリアリティを踏まえ，現在の学校教育がはらむ課題と可能性が論じられており，〈移行〉問題を具体的対象に即して考える手がかりを与えてくれる。

第7章　子育て・教育をめぐる社会空間・エージェントの歴史的変容と今日・未来

1　子育てと教育は誰によって担われてきたのか

「教育問題」「子育て問題」という言葉から何を連想するだろうか。人によって内容は異なるだろうが，教育・子育て問題＝学校と家族の問題という構図を想起する人が多いのではないか。暗黙のうちに私たちは，学校と家族が対処すべきものとして子育てと教育の問題をとらえがちである。ところが家族と学校が子育てと教育の主要な担い手となるのは近代以降，とりわけ高度経済成長期を経た後の社会においてであり，私たちが自明視する構図は時代を問わず普遍的に妥当するものではない。子育てと教育を論じる際の前提から距離をとり，思考の枠組みを広げるために，本章では主に近代以降の家族の姿に焦点をあて，子育て・教育をめぐる社会空間・エージェントの歴史的変容過程を整理したい。

2　近代家族とその教育戦略にみられる特徴

これまでの家族研究は，時代や社会によって家族の姿はさまざまで，共通の定義が困難なほどに多様であることを明らかにしてきた。ところが，私たちが家族をイメージするときはどの時代・社会にも共通する普遍的な家族像を抱く傾向がある。しかもそこで想起されるイメージは「望ましい・そうあるべき家族」という規範性を帯びている。なぜ私たちはそのように考えるのか。

「近代家族」というキーワードがこの問題を考えるヒントを与えてくれる。まずはこの用語が登場した背景を述べておきたい。

「核家族」という用語がある。日常語に組み込まれた感のあるこの言葉は，人類学者のマードックが提唱したものである。彼は，夫婦と未婚の子どもから

なる「核家族」が家族形態の基本的な構成要素だと主張した（マードック 2001）。核一家族という用語には，分割不可能な基本単位という含意がある。

ところが，当初は家族の多様性を記述する通文化的・通歴史的な用語として登場した核家族概念は，稼ぎ手男性・専業主婦カップルとその子どもという規範的な家族像と結びつく。家族研究の世界でも，かつては多様であった家族の姿が，近代化にともない普遍的・本質的な家族のあり方，すなわち核家族に収斂するという議論が力をもつようになる（パーソンズ&ベールズ 2001）。

これらの研究に対して，歴史人口学や社会史的な研究は，近代化＝核家族化の等式が成り立つとはかぎらないことを示した（齋藤 1988 など）。フェミニズムの立場の論者たちはこれらの知見を援用しつつ，普遍的・本質的な家族像（核家族）を想定する家族の近代化論が，ジェンダー間の権力格差を隠蔽・存続することにつながると批判した。

「近代家族」という用語は，こうした背景のなかで登場した。近代という接頭語は，普遍的・本質的とされる家族像が，近代という特殊な時代に適合するだけにすぎず，別様な姿がありうることを指摘するために用いられている。

近代家族の基本的特徴と全体社会との関係

近代家族とはどのような家族なのか。家族社会学者の落合恵美子の理念型的な整理によれば，近代家族は，**①家内領域と公共領域との分離，②家族構成員相互の強い情緒的絆，③子ども中心主義，④男は公共領域・女は家内領域という性別分業，⑤家族の集団性の強化，⑥社交の衰退，⑦非親族の排除，(⑧核家族)**[1]，という特徴を有する（落合 1989）。

これらは生活を互いに保障し労働力を再生産する「**自助原則**」と，親密な絆を形成し情緒満足を満たし合う「**愛情原則**」という2大原則に整理できる（山田 1994）。社会の荒波から身を守る情緒的な絆で結ばれた家族。「愛の結晶」の子どもは，両親から手厚いケアを受けながら成長する……。違和を感じる人がいるかもしれないが，近代家族は今もなお，理想的・規範的な家族像とみなされている。それはなぜだろうか。

その理由の1つは，近代家族が機能分化した社会に適合的な原理を有していることによる。ルーマンが指摘するように，近代以降の社会生活は，経済，法，政治，学問，教育，芸術，宗教など，ほかとは異なる固有の機能を担う制度や組織のもとで営まれる。会社で働き，稼いだお金で買い物をする，選挙で投票し，あるいは自ら候補者として出馬する，絵画や音楽を作成し，観賞するなど，私たちの日常生活は機能ごとに異なるルールで営まれる領域にアクセスし，自らのふるまいによってその領域が維持・更新されるなかで成立している。

これを個人の立場からみると，近代社会は異なる役割を使い分け，各領域独自のルールに従うよう要請する社会ということになる。近代社会は杓子定規な振る舞いを強いる窮屈な社会，役割に縛られたよそよそしい関係から成り立つ「世知辛い」社会に見える。

しかし，よく考えてみると，機能領域に応じて役割を演じ分けることは，1つの役割に没入するのではなく，いかなる状況においても常に役割と一定の距離をとり続けることを意味する。むしろ同じ時間・空間で生活し，お互いを知り尽くした共同体的な社会のほうが，社会的な役割が固定化しそれと距離をとることが難しいために，個人が社会に埋没してしまう社会だといえる。それに対して近代社会では，上記のように杓子定規な振る舞いを求められるからこそ，そこからはみ出る「わたし」の存在が意識される。非人格的なルールで運営される機能分化した社会は，社会的な役割には還元できない個人の人格が尊重される私的な領域を形成し，個人的な関係を深めてゆく可能性を万人にもたらす（ルーマン 2005）。公的領域と私的領域との区分のもとに形成され，情緒的な絆を重視する近代家族は，「世知辛い」社会から待避する「団欒」の場を用意する役割を担うことで，機能分化した社会で独自の位置を占めるようになった。

さらにいえば，私たちは誕生時点から役割を適切に使い分ける能力を獲得しているわけではない。近代社会では，教育システムが社会で共通に必要とされる知識・規範の習得を促す人為的な環境を用意する役割を担うが，学校教育が子どもたちを包摂するためには，それ以前に生物としてのヒトを生み・育てる場を確保しなければならない。これは教育以外の機能システムについても同様

である。自助原則と愛情原則によって営まれる近代家族は，社会的な役割の束には還元できない「他の誰でもないこ̇のわ̇たし」という固有名を与えられ，人格を有する存在として機能システムに包摂される次世代の人間を再生産する役割を担うことで，近代社会に不可欠な存在とされた。

　近代家族が近代社会に定着した第2の理由は，この形態の家族を社会の基本的な単位とみなすことで合理的・効率的な制度運営が可能になる点にある。私的領域を「家計」や「世帯」などの共通の形式を用いて把握し働きかけることで，分化した各機能領域に属する制度や組織は個々人を単位とするよりも効率的に人々を包摂できる。また，近代家族の内部に目を向けると，そこでも分業体制を家庭内に導入し合理的・効率的な生活を営む様子を見ることができる。科学的な家事や育児の手法を活用する，耐久消費財を購入し生活の合理化をはかる……。近代家族は近代の合理性・効率性を私的領域で徹底させた家族でもある。

　ここで注意しなければならない点がある。近代家族の典型的な分業は，男性が稼ぎ手，女性が家事・育児を担う性別役割分業体制である。分業で合理化をはかる際に，役割と性別とを対応づける必然性はないにもかかわらず，ジェンダー間の役割期待の差異と分業体制が強固に結びついている。近代家族が社会に定着した第3の理由は，それが特定の権力関係を維持するはたらきにある。

　たとえば，現行の戸籍制度では，夫婦およびこれと氏を同じくする子ごとに1つの戸籍がつくられる。そこには「同氏同籍の原則」を典型とする家制度の名残があり，戸主権による制約はないものの主観的な次元で家(いえ)の連続性を意識させ，ある意味では強制する装置として機能している。

　それだけではない。核家族を編製の単位とする現行の戸籍制度は，制度が想定する形態以外の家族，たとえば同棲や事実婚，異性愛のみに限定されない多様な性的指向性をもつカップルの形成，あるいは法的な家族関係の解消などを「逸脱的」な出来事として構成し排除する力をもつ。さらに，戸籍制度に残存する「家」観念は，男性の優位性を含意するだけではなく，血統の連続性を擬制することで国民国家とナショナリズムの基盤を形成する機能を有してもいる

(牟田 1996)。戦時中の多産の奨励や現在の少子化対策にその典型がみられるように，近代国民国家は家族政策を通じて自らの存立基盤を維持する。近代家族を家族政策の単位とすることは，規範的な家族像から逸脱した人々に国家が介入する権限を与えることを意味するのである（ドンズロ 1991）。

ジェンダー間の権力関係を保持し，近代国家の形成を支える権力秩序を構成する機能を果たすことで近代家族が社会に定着した側面があることは否定できない。近代社会の進展とともに近代家族が普遍化するという議論が力をもつ背景には，近代国家と近代家族との強固な結びつきがある（西川 2000）。

近代家族の教育戦略

公的領域からの私的領域の分離は，経済的な側面においては職住の分離，家業の継承から雇用されて働く生き方への変化として生じる。近代家族の教育戦略を把握するために，経済領域と家族が取り結ぶ関係の変化をみてみよう。

図7.1は国勢調査の産業別人口の推移をまとめたものである。戦前からすでに減少[2]していた第1次産業人口比率は，戦後の混乱期に一時増加するものの現在にいたるまでほぼ一貫して減少している。1950年までは約半数を占めていた第1次産業従事者数は1960年調査時点で第3次産業従事者数に，そのわずか5年後には第2次産業人口従事者数に追い抜かれてしまう。

第1次産業人口の約9割以上は農業従事者であり，農業人口の減少は主として家族従事者の減少に起因する。図7.2に示すように，就業者全体に占める家族従事者の割合も1950年代半ばから70年代初頭の間に急減する。家族従業者はその後もほぼ一貫して減少し，急激な変化の時期はないものの自営業主についてもおおむね同じ傾向がみられる。これらのデータは，家業を営むことで生計を立てる家族が現在では少数派になってしまったことを表す。

家業の維持・継承から雇用されて働く生き方へと人々の標準的なライフコースが変化すると，家族にとって学校教育は特別な意味をもつ。なぜなら近代的な労働市場において，学校教育の成果はその人が有する能力のあかし（シグナル）として機能するからである。子どもがより高い学歴を獲得し良い成績を収める

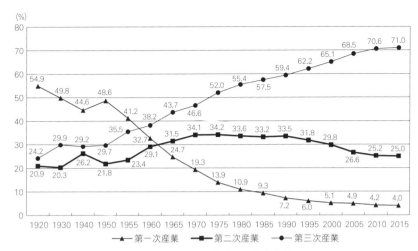

図 7.1　産業別人口構成比の年次推移

(「平成 27 年国勢調査　我が国人口・世帯の概観」http://www.stat.go.jp/data/kokusei/2015/pdf/waga05.pdf をもとに作成)

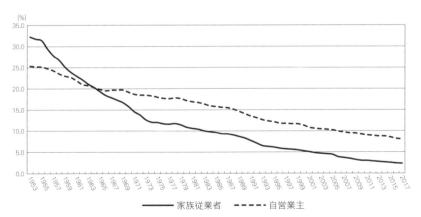

図 7.2　家族従業者・自営業主が就業者全体に占める割合の変化

(労働力調査［長期時系列データ］より作成)

ことは，労働市場で評価され，より良い条件で雇用される可能性を広げるための不可欠な条件である。

　近代家族の子ども中心主義は，①「子どもらしさ」それ自体を愛でるまなざ

しと，②理性的な人間へと育て上げる教育的なまなざしが，③子どもの身体や健康に対する配慮を軸に結びつく点に特徴がある（アリエス 1980）。経済社会の変動にともない，子どもの幸せを願う心性の構成要素の1つである教育的なまなざしは，学校教育制度を利用して社会移動や社会的地位の再生産をはかる戦略のなかで具現化するようになった。近代家族は，子どもの「いま」の充実が望ましい未来を約束するように自らが行う教育と家族以外の教育制度との関係を調整し，個性を伸ばす適切な教育環境を用意することをめざす。比喩的にいえば，社会にわが子を「売り出す」プロデューサーやマネージャーの役割を担うことを通じて，近代家族は子どもを教育するのである（広田 1999）。

3 学校の「黄金時代」の到来と退潮
── 経済社会の変動が家族－学校関係に与えた影響

学校の「黄金時代」の到来

高度経済成長期における産業構造の転換は，若年者の地方から大都市圏への大規模な人口移動をともなっていた。家業従事者から被雇用者への転換は，自分の生まれ育った家族とは異なる場所に移動し，職を得た地域で親から独立して自分の家族を形成するプロセスと重なる。この時期における若年者の人口移動にみられる特徴は，戦前の縁故を頼った移動ではなく公的な制度（学校・職安）を利用して都市に流入する経路が主流となったこと，総力戦体制下で構築された全国規模の労働需給調整機構が実際に活用されるなかで，移動のタイミングが学卒期に収斂した点にある（苅谷他 2000）。

経済構造の急速な変動が，万人に等しく成長の果実をもたらしたわけではない。集団就職で地方から都市に移動した人々の受け入れ先の多くは中小零細の商店員や軽工業・雑業的製造業分野の企業であり，より厳しい労働条件で働かざるをえない状況があった（加瀬 1997）。戦前に比べれば縮小しつつあるとはいえ，ホワイトカラー職とブルーカラー職，大企業と中小企業従事者の労働条件の格差も存続していた。雇用されて働く生き方は一様ではなく，明暗がはっきりと分かれていた。とはいえ生活水準の急速な上昇を実感し，多くの人々が

明日への希望を抱いたことも事実である。

　社会経済的な要因による制約を受けつつも，親世代とは異なる職業生活に従事する可能性を提示する経済社会の変動が進展すると，従来は特定の社会層のみが抱いていた学校教育への期待や信頼が大衆的な規模で広がっていった。義務教育年限の延長と単線型の学校階梯を特徴とする戦後6・3制の学校教育制度は，進学の可能性を万人に開く平等主義的なシステムである。生活水準の上昇が進学に対する経済的な障壁を取り除いた高度経済成長期は，高校進学率が6割から9割台，大学進学率も1割から4割近くに上昇する「教育爆発」の時代でもあった。がんばれば上級学校に進学できるという明るい見通しをもつことが可能な「開かれた競争」に多くの若者が参加するようになる（久冨 1993）。

　家業を営む親世代にとっても学校は重要な意味をもつようになる。かつての農村や漁村では子どもは労働の担い手であり，地域共同体のしきたりを身につけることや一人前の働き手になるための必要な知識・技術を習得することが優先され，学校は読み書き算の基本的な知識を学ぶ場所，働き手として期待できない小さな子どもを預ける「託児所」とみなされていた（中内 1992）。第1次産業が盛んな地域では農繁期や漁繁期に休校となり，地域の生産活動が学校暦よりも優先されることも珍しくなかった。地域共同体や家族が行う教育は独自の目的，内容，方法を有しており，学校の論理と相反することもあった。近代学校の導入期に過剰な学費負担や貴重な労働力を奪われることへの反応として就学拒否や学校焼き討ち事件が生じたこと，これらの背後に通底する近代学校制度への反発を緩和するために運動会などの学校行事が導入され，地域との融和をはかったことなどを想起すると，地域共同体の影響力が強く，ローカルな文脈で独自の子育てと教育を行う仕組みが機能している場合には共同体や個々の家族と学校との関係が必ずしも協力的なものとはならないことがわかる。

　ところが，家業の維持・継承から雇われて働く生活へと標準的な職業履歴のあり方が転換すると，子どもを労働の担い手として育て上げるために家族や地域共同体が独自に行う教育が無効化する。ローカルな文脈に埋め込まれた知識・技術・態度よりも，時空間の制約を超えて適用可能な抽象化された労働力を身

につけることが重要になると，学校は単なる託児所ではなくそこで行われる教育やその成果を活用することが家族に求められるようになる。

　地域の力を借りることもできず，家業継承にかかわる教育的な働きかけも無効化するなかで，外部の制度を利用し子どもの教育環境を整えることは，近代家族的な教育戦略に不慣れな人々にとっては至難の業である。そうすると，実際に制度を利用する子ども・若者にとっても，近代家族的な教育戦略を採用せざるをえなくなった親世代にとっても，学校教育が重要な意味をもつようになる。高度経済成長期の学校は，教育の専門家の手によって運営される学校教育制度が社会から広範な支持を受ける「黄金時代」を迎えることになった。それは学校と家族が手を取って子どもを社会から隔離・保護する時代の到来を意味する。

近代家族の大衆化状況における私事性と公共性の変容

　雇用されて生活するライフコースを歩み始めた若い世代の多くは，親元を離れ，都市部で自らの家族——近代家族——を形成した。1960年代末には見合い結婚と恋愛結婚の比率が逆転し，従来も低くはなかった核家族化比率が急速に上昇するとともに，平均世帯人員や夫婦一組あたりの子ども数が減少する。

　こうして近代家族が大衆化するなかで，個人の私生活やプライバシーがより重視される「私事化」現象が進展した。なお，生産から消費へ家族の活動様式が変化したことも私事化を促す要因であった。個人の選好が最優先される消費領域では，「わたしの欲望」が何かを判断する場である私的領域が欠かせない。共同体が衰退し，個々人が自らのライフコースを選択しなければならない状況で子育てや教育を行う際には，文化の伝達−獲得を介して世代を更新する公共的な営みとしての教育よりも，個人の私的な利益にかかわる私事としての教育が重視される。オイルショックを契機に低成長期へ経済社会が移行し，近代家族の大衆化状況が一応の完成をみた1970年代半ば以降には，校内暴力，いじめ，登校拒否などの学校内部の教育問題が社会問題化し，学校現場で生じる人権侵害の実態が告発される。これらの出来事は学校の黄金時代が終わりを迎え，私

事としての教育要求にさらされる状況を迎えたことを意味する (広田 1999)。

とはいえ，近代家族の大衆化が新しい公共性の基盤を生みだす可能性をもたらしたことも確かである。故郷を離れてなじみのない場所で生活を始めることは，因習にとらわれずに民主的な手続きを通じて市民社会的なルールを策定し，自立した個人同士のつながりを基盤にした地域社会を形成する条件を用意することにもつながる。また，親世代とは異なるライフコースを歩むという不確実な状況に多くの人々が直面すると，リスクを軸にした新しい共同性の形成や，制度化された政治システムには還元できない新たな公共性の場の形成が促される (ベック 1998)。高度経済成長期は，急速な都市化のなかで整備が遅れた諸制度の拡充を求める運動や，企業活動が引き起こす公害を告発・批判し，環境保全や被害者の補償・救済を求める運動など，産業化・都市化の負の側面に対処する市民による草の根的な社会運動が活発化し，制度化された政治領域においても革新自治体が増加した時代でもあった。

近代家族の大衆化を促した大規模な地理的移動・社会移動には，そこに付随するさまざまな問題を契機に，新しい公共性を生みだす可能性を切り開く側面があった。ただし実際には私生活主義が優先され，教育制度やその担い手としての専門家に対する不信や家族のエゴイズムが増大するなかで，学校の「黄金時代」が終焉を迎えることになる[3]。

4 社会化エージェントの多元化と脱領域化

近代家族の純化と多様化

近代家族は，社会的な役割に還元できない親密圏を形成する役割を担っていた。ところが近年は，家族の多様化・個人化とともに近代家族の規範性が相対化されつつある。

ギデンズによれば，現代社会における親密圏は「純粋な関係性」によって形成される。純粋な関係性とは，経済上の制約や家族に関する規範といった外的な要因ではなく，現在の関係を継続したいという当事者の合意のみを基盤に維持される関係のことである (ギデンズ 1995)。彼の議論をふまえると，家族の個

人化・多様化現象は，近代家族を形成していた絆がよりいっそう純化し，純粋な関係性のもとで家族が形成されることによって生じたものとして理解することができる。日本では20世紀の初頭から低位で推移していた離婚率が，高度経済成長期の終焉とほぼ同時期に上昇傾向に転じ，1990年代からさらなる急増期を迎える。この変化は，家族の絆が選択的なものになり，関係を存続することに意味を見いだせなくなった場合には婚姻関係を解消することを選ぶ人が増えたことを表している(4)。平均初婚年齢や生涯未婚率(5)の上昇，晩婚化・非婚化のさらなる進展も，純粋な関係性を人々が求めるなかで家族に対する要求水準が上昇することで，結婚にいたるまでのハードルが高くなった状況を反映している（山田 2001 など）。

　こうした状況は，制度的な家族形成以外の局面でも生じている。国勢調査の「非親族を含む世帯」は1995年の21万0743世帯（全世帯の0.5％）から，2015年の46万3639世帯（0.9％）へ，比率の変化はわずかながらも実数は2倍以上に増加し，同じ時期の「単独世帯」数については約1100万世帯（25.6％）から約1800万世帯（34.5％）と大幅な増加傾向にある。単独世帯の変化は主として高齢化の影響によるが(6)，これらの世帯には同性愛・異性愛の非婚カップルやルームシェアで生計を営むケースが含まれている可能性があり，従来の家族規範や制度に依存せずに親密圏を形成する試みが登場していることを推測させる。ただし，厚生労働省の人口動態調査によれば，日本の婚外出生率は2％程度と欧米諸国よりも圧倒的に低く，出産の局面においては「標準的」な家族制度を重視する姿勢が根強く残っていることも確かである。

　実態レベルではいまもなお近代家族を営む人々が多数を占めているが，国勢調査で核家族世帯に区分される世帯類型でも，その内訳を見ると夫婦と子どもからなる世帯が占める割合が減少する一方で，ひとり親と子どもからなる世帯・夫婦のみ世帯の割合が増加傾向にあり，両親と子どもからなる典型的な核家族は26.8％（2015年）である。子どものいない夫婦，子どもが独立し夫婦のみになった家族は，養育規範にしたがって家族生活を営むのではなく，当人同士の合意を基盤に関係を維持しなければならない。また，ひとり親とその子どもか

らなる世帯のなかには，夫婦関係を解消してシングルで子育てをすることを決めた人々が含まれている。

　ペットを家族の一員と考える人々がかなりの割合で存在する（山田 2004）ことからもわかるように，制度的な次元においては近代家族が一定程度の安定性を維持しているものの，「どのような関係が家族的か」という主観的な意味づけの次元，あるいは結婚や出産をいつ・どのような順番で経験するのかというライフスタイルを形成・選択する局面の多様化が進行しつつある。経済的・制度的な制約はいまなお存在するものの，互いのライフスタイルを尊重するためには，従来の規範にとらわれず時には家族の枠を越えて親密圏を再編する必要性を多くの人が感じている（神原 2004）。他方で，統計数理研究所の「日本人の国民性調査」によれば，調査開始時から現在にいたるまで家族重視の志向性が強まっており，現在ほど家族が重視されている時代はない（統計数理研究所 2014）。いずれにせよ，関係性が純化するにつれて既存の制度による支えなしに親密圏を形成しなければならない状況が到来していることは確かである。

　多くの人が家族を大事にしたいと考えている。だが，「家族」の中身はそれぞれ異なる。さらには，制度の枠を越えた家族形成をめざす人，あるいは家族なしで生きてゆくことを選択した人々が，従来とは異なる形態の親密圏の形成を模索する動きも活性化しつつある。家族は社会的に構築されたものであり，人々が何を家族として語りどのような意味を付与するかによってそのあり方が規定される。こうした構築主義的な家族研究（グブリアム・ホルスタイン 1997）の主張に一般の人々もリアリティを感じる時代を私たちは迎えている。

情報消費社会の進展と「コミュニティ」の変質

　関係性の純化が近代的な親密圏の内部における変化であったのに対して，家族の多様化・個人化を促す外的な要因の1つに情報化をともなう消費社会の高度化がある。近代家族は，耐久消費財や外食・旅行をはじめとする家族向けサービスを購入し「豊かな生活」を共有することで凝集性を維持してきた。ところが消費社会が高度化し消費の単位が世帯から個人へ細分化されると，個々の

家族成員がそれぞれの選好を満たすことが可能になる。個別の消費者の利便性を追求するコンビニエンス・ストアやファストフード店が登場した時期が1970年代初頭であることは，家族の変化を表すうえで象徴的な出来事である。

消費社会の展開は，家族と学校のみが社会化の担い手であった状況にも変化をもたらした。子ども・若者向けの商品やサービスが次々に登場すると，彼ら自身が顧客としての主体性を発揮できるようになる。若年世代向けの消費市場の拡大にともない「消費者シティズンシップ」（ジョーンズ&ウォーレス 2002）が子どもや若者に付与されると，消費社会が自己社会化を行う際の環境になる。

消費社会が自己社会化の環境になるというのは，どのような事態を意味するのだろうか。そこには少なくとも2つの経路がある。第1に，消費社会が高度化すると，ブランド商品の消費にみられるように，記号やそれが喚起するイメージを購入し他者との差異化を通じてアイデンティティを構築する消費活動が拡大する。購入する商品へのこだわりが「私らしさ」を形づくると同時に，さまざまなスタイルを提示する商品群が特定の望ましい自己のあり方へと人々を水路づける。第2に，携帯電話やインターネットに接続可能なPC環境などの新しい情報通信メディアが1990年代半ば以降に急速に進展し，子どもや若者もこれらの情報通信サービスを消費することで，時間と場所に制約されないコミュニケーションが活性化したことの影響を指摘できる。情報通信サービスの利用者はこのメディアの特性を活用し，コミュニケーションを行う際の匿名性の度合いや参加者の範囲を柔軟に変更することができる。誰とどのようなコミュニケーションを行い，そこでいかなる自己を提示するのかについての自由度が飛躍的に増大することで，特定の地域と結びついた社交から成り立つ地域社会ではなく，時空間の制約から解き放たれた情報ネットワーク上のコミュニティを形成することが可能になる[7]。

1980年代以降に若年者向けの消費市場が拡大し，それに加えて90年代半ばに大衆化した情報通信技術関連商品・サービスが若者たちにも波及すると，学校と家族との往復のなかで社会化が進行する「振り子型」成長モデルが終焉し，家族，学校，消費の三者を環流する「トライアングル型」の成長へと社会化の

様式が変化する (中西 2004)。家族と学校が相補的な関係を取り結び, 子どもを社会から隔離しつつ教育資源を集中させた高度経済成長期とは異なる状況, すなわち, 子どもや若者たちが自己社会化を行う際の外部環境が多元化・複層化し, 家族や学校から見えにくくなる状況が生じたのである。

5 子育てと教育をめぐる新しい公共性の構築をめざして

　近代家族が大衆化した高度経済成長期は, 家族と学校が主要な社会化エージェントに位置づく時代であった。統計データを見ると, 1970年代の半ばが長期欠席の児童・生徒数がもっとも少ない時期であったことがわかる。ほとんどの子どもたちが学校に行く事態が生じることは, 家族と学校の相補的な関係が確立し, 教育的な配慮の行き届いた社会領域に子どもが包摂されたことを意味する。ところが家族の多様化・個人化が進み, 消費領域が子ども・若者の自己社会化の環境の一部になると, 家族と学校との対立・葛藤的な関係が顕在化するとともに, 両者による社会化の帰結が不確実で予測しがたいものとなる。

　子ども・若者が自己社会化を通じて人格を形成する以上, いつの時代も, 社会化が意図した成果をもたらすとはかぎらない。他方で, 現代が意図的な社会化の困難性がこれまで以上に顕在化する時代であることも確かである。教育と子育ての問題が家族と学校の問題として感知され, 両者の「教育力」の不足を嘆く人々が増えたのは, 実際に両者の「教育力」が落ちたというよりは, 何が適切な教育かという社会的な合意を形成し, 子ども・若者の生活世界を教育的な配慮のもとで統制することが困難になることで, 人々が子育てや教育の営みの難しさを強く意識せざるをえない状況が到来したためではないだろうか。消費社会の進展とあわせて生じた90年代以降の経済のグローバル化とそれに対する企業社会の応答が, 家族を形成・維持するために必要な経済的基盤を不安定化したことも, これらの困難に拍車をかけている。

　そうだとすれば, 家族と学校に過剰な期待を寄せること自体が, 問題をいっそう困難にすることになるだろう。現在必要なことは, 家族と学校のみに過剰な負荷をかけずに意図的な社会化を行うための条件を構想することである。家

族や学校に責任を帰して問題の克服を迫る議論と距離をおき，社会的文脈の変化を冷静に把握しつつ，学校教育と家族，あるいはそれらとほかの社会領域との接合のあり方を再編する必要がある。

　子どもの自己社会化プロセスが，家族や学校にとって複雑で不透明なものへと変化した要因のひとつである情報消費社会の進展は，時間的・地理的な制約を離れた新しいコミュニティを形成するための手段を与えてくれる。高度経済成長期以降，人々が共通に直面する生活上のリスクに対処するなかで登場した各種の社会運動は，旧来の地域共同体とは異なる新しい公共性を形成する試みでもあった。意図的な社会化の限界と不確実性を認めつつ，多元化・脱領域化した社会化のエージェントの再構築を通じて子育てと教育のための新しい公共領域の形成を模索する。情報消費社会がもつ別様の可能性を追求する試みを始めるためには，家族と学校のみに子育てと教育の責任を負わせる構図から脱却することが不可欠であろう。
　　　　　　　　　　　　　　　　　　　　　　　　　　　　　　【山田　哲也】

注
（1）核家族は近代家族の典型的な姿だが，必ずしもそうであるとはかぎらない。この点については落合も一定の留保を示している。
（2）第1次産業人口の実数は安定的に推移していた。
（3）ただし，学校の社会的位置の変化は家族が学校を無条件に肯定し依存する姿勢を改めたことを意味する。高度経済成長期の教育に関する市民運動は，フリースクール等の創設運動，教育・子育て問題に悩む家族の自助グループ活動など，家族を主体とした「新しい社会運動」の源流のひとつとなった点を確認しておきたい。
（4）他方で，離婚率と経済状況には密接な関係があることも事実である。
（5）統計上の生涯未婚率は「50歳時点の未婚率」と定義されている。
（6）2015年時点のひとり暮らし高齢者（65歳以上の単独世帯）は約530万人である。
（7）ただし，ネットワーク上のコミュニティには日常生活とは異なる多元的なものと日常生活を補完する多層的なものとがあり，子どもや若者にとっては後者が重要なものと感知されているように思われる。

引用文献
アリエス，P.（1980）『〈子供〉の誕生』みすず書房（原著 1960）
落合恵美子（1989）『近代家族とフェミニズム』勁草書房

加瀬和俊（1997）『集団就職の時代——高度成長のにない手たち』青木書店
苅谷剛彦・菅山真次・石田浩編著（2000）『学校・職安と労働市場　戦後新規学卒市場の制度化過程』東京大学出版会
神原文子（2004）『家族のライフスタイルを問う』勁草書房
ギデンズ，A.（1995）『親密性の変容　近代社会におけるセクシュアリティ，愛情，エロティシズム』（原著 1992）
久冨善之（1993）『競争の教育　なぜ受験競争はかくも激化するのか』労働旬報社
グブリアム，J. F., ホルスタイン，J. A..（1997）『家族とは何か　その言説と現実』新曜社（原著 1990）
斎藤修編著（1988）『家族と人口の歴史社会学』リブロポート
ジョーンズ，J., ウォーレス，C.（2002）『若者はなぜ大人になれないのか——家族・国家・シティズンシップ』［第二版］新評論（原著 1992）
統計数理研究所（2014）「「日本人の国民性　第 13 次全国調査」の結果のポイント」http://www.ism.ac.jp/kokuminsei/resources/KS13print.pdf
ドンズロ，J.（1991）『家族に介入する社会』新曜社（原著 1977）
中内敏夫（1992）「六・三制の誕生」宮田登・中村圭子編著『老いと「生い」——隔離と再生』藤原書店
中西新太郎（2004）『若者たちに何が起こっているのか』花伝社
西川祐子（2000）『近代国家と家族モデル』吉川弘文館
パーソンズ，T., ベールズ，R.F.（2001）『家族　核家族と子どもの社会化』［新装版］黎明書房（原著 1955）
広田照幸（1999）『日本人のしつけは衰退したか　「教育する家族」のゆくえ』講談社現代新書
ベック，U.（1998）『危険社会——新しい近代への道』法政大学出版局（原著 1986）
マードック，G.P.（2001）『社会構造－核家族の社会人類学』新泉社［新版］（原著 1949）
牟田和恵（1996）『戦略としての家族　近代日本の国民国家形成と女性』新曜社
山田昌弘（1994）『近代家族のゆくえ　家族と愛情のパラドックス』新曜社
山田昌弘（2001）『家族というリスク』勁草書房
山田昌弘（2004）『家族ペット』サンマーク出版（文春文庫版 2007）
ルーマン，N.（2005）『情熱としての愛　親密さのコード化』木鐸社（原著 1982）

考えてみよう

1．同世代の人，世代の違う人に「理想の家族像」を尋ね，そこで語られる家族の姿の共通点や相違点を整理してみよう。
2．育児雑誌の見出しを時系列的に整理し，時代ごとの特徴を比較してみよう。
3．ペット向けの商品やサービスと子ども向けのそれとの異同を比較し，「ペットは家族

の一員である」という意見について議論してみよう．

参考文献 (further readings)

宮本みち子『ポスト青年期と親子戦略　大人になる意味と形の変容』勁草書房，2004年

　欧米諸国では1970年代半ば以降から若者から大人への移行過程が長期化・複雑化していることが指摘されている．本書は欧米の移行研究に学びつつ，若者の自立と依存の関係を調整する親子戦略という観点から現代日本社会の青年期の変容とその規定要因を明らかにしている．本章で充分に展開できなかった90年代以降の家族と外部社会との接合のあり方について学ぶことができる．

落合恵美子『21世紀家族へ　家族の戦後体制の見かた・越えかた』(第三版) 有斐閣，2004年

　「家族の戦後体制」をキーワードに日本型近代家族の大衆化状況の到来とその後の変調が論じられている．人口学，家族社会学，フェミニズムの議論が手際よく整理され，平易な言葉で近代家族の特質と社会的な位置を問い直す好著．多産多死から少産少死への人口構造転換期に形成された「きょうだいネットワーク」の支えによって近代家族の大衆化が可能になったという主張は興味深い．

広田照幸『日本人のしつけは衰退したか　「教育する家族」のゆくえ』講談社現代新書，1999年

　近代日本における子どもの「しつけ」の変遷という切り口から，家族，地域社会，学校が取り結ぶ関係の歴史的な変容過程を描き出した著．本章の議論は本書からかなりの影響を受けている．教育する意志が社会に浸透したからこそ「教育力の低下」が喧伝されるという逆説をはじめ，既存の教育論の常識を覆す議論が満載で，教育社会学の魅力を堪能できる．

第8章 学校の階級・階層性と格差社会
——再生産の社会学

1 格差社会にみる学校と社会階級・階層問題

就学援助率と私立中学受験の増加にみる教育格差

2006年1月3日の朝日新聞の一面に,「学用品や給食費 就学援助4年で4割増 東京・大阪4人に1人」という見出しで,就学援助率増加に関する記事が載った。内容は,「公立小中学校で文房具代や給食費,修学旅行費などの援助を受ける児童・生徒の数が2004年度までの4年間に4割近くも増え,受給率が4割を超える自治体もある」ことがわかり,「東京や大阪では4人に1人,全国平均でも1割強に上る。経済的な理由で子どもの学習環境が整いにくい家庭が増え,地域的な偏りも目立っている」というものである。

図8.1「就学援助率の推移」によれば,就学援助受給者は全国で約133万7千人,2000年度より37%の増加で,受給率の全国平均は12.8%になるという(2015年現在で,全国平均は,15.23%へ上昇)。また,都道府県別では,もっとも高いのが大阪府の27.9%で,ついで東京都の24.8%であった。東京都足立区では,1993年度には15.8%だったのが,2000年度には30%台,2004年度には42.5%にも達し,なかには受給率が7割に達する小学校も

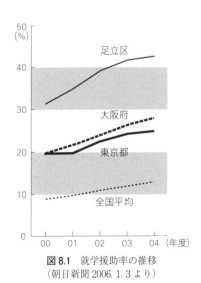

図8.1 就学援助率の推移
(朝日新聞 2006.1.3より)

あるという（ただし，2016年度には32.3%へ減少している）。

　上記の記事のなかでは，「この学校で6年生を担任する男性教員は，鉛筆の束と消しゴム，白紙の紙を持参して授業を始める。クラスに数人いるノートや鉛筆を持ってこない児童に渡すためだ。卒業文集を製作するため，クラスの児童に『将来の夢』を作文させようとしたが，3分の1の子が何も書けなかった。『自分が成長してどんな大人になりたいのか，イメージできない』のだ」という切実な実態が紹介されている。さらに，この就学援助率と子どもの学力テストの平均点とが大きく関係していることもわかっている。図8.2「就学援助率と学力の相関」は，縦軸が学力テスト，横軸が就学援助率であるが，区別の学力テストの平均点の集合は就学援助率の高い右横に行くほど下がっていることがわかる。つまり小・中学校ともに，就学援助率が高い学校ほど，子どもの学力テストの平均点が低い傾向にあるのだ。

　このような就学援助率の増加の一方で，私立中学を受験する層もまた拡大している。図8.3「首都圏と東京の中学受験率の推移」によれば，首都圏も東京もともに右肩あがりで受験率が上昇していることがわかる。首都圏では約17%弱ほどが私立中学を受験している。東京都だけを見ると，前年比で5ポイント増加し，06年には28％にもなった。クラスの約3分の1の子どもが私立中学を受験していることになる。

　私立受験の合格のためには，進学塾通いを必要とする場合がほとんどだが，進学塾の費用，模擬試験代，授業料，入学金などをあわせるとけっして安くない額

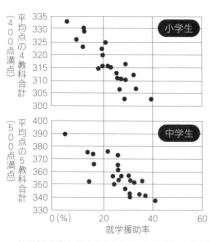

図8.2　就学援助率と学力の相関（東京23区，2004年度）
（朝日新聞 2006.3.25より）

の資金(月額5〜6万程度)が必要となり，入学してからも高額な授業料が必要となる。ちなみに，東京都内の私立中学進学率は17％程度であり，区内に限ると約21％，なかでも文京区は一番多く，約40％が私立中へ進学している(東京都教育委員会『平成29年度公立学校統計調査報告書』)。こうした私立受験は，都市ホワイトカラー上層が自らの地位を「再生産」するための「教育的再生産戦略」と位置づけられよう。

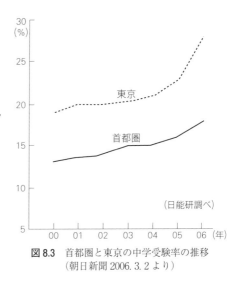

図8.3　首都圏と東京の中学受験率の推移
(朝日新聞 2006.3.2 より)

このように，一方で就学援助率が上昇し，他方で中学受験率が上昇するという「階層の二極化現象」が，今の日本の教育をとりまくまぎれもない実態なのである。今や子どもの成績は親の経済力によって決定されているといえよう。教育社会学者・ブラウンは，近代社会の原理であるメリトクラシー(＝能力・業績主義)が実現しない，こうした事態を，「ペアレントクラシー」(＝親の資産による支配)と呼んだ。

学校は「平等化」装置なのか，「再生産」装置なのか

いま見てきたような経済的に「豊かな層」と「貧しい層」，あるいは「高学歴層」と「低学歴層」などの社会的な成層のことを，社会学では「社会階層」と呼び，また「資本家層」と「労働者層」という搾取関係にある成層をマルクス主義では「社会階級」と呼ぶ。(「社会階層」概念は，「新中間層」を把握できるという長所をもち，「社会階級」概念は，「搾取」という階級間の支配－被支配関係を把握できるという長所がある。本章では，「社会階級」，「社会階層」概念それぞれの長所を生かし，以下では「社会階級・階層」と表記する)。かつて日本社会は戦後の貧困や

混乱を経済成長で克服し，1970年代以降から「新中間層」の多い相対的に均質な「一億総中流社会」であることを自認してきた。しかし，近年の貧困や格差の広がりのなかで，この「新中間層」が富める階層と貧しき階層に分化（＝二極化現象）し，さらにワーキング・プア（働く貧困層）などの広範な貧困層が生みだされている。こうした社会現象は「格差社会」と呼ばれ，2006年の流行語にも選ばれている。その後，さらに格差から貧困へと事態は悪化している（2015年現在で相対的貧困率は15.6%）。2008年は「子どもの貧困元年」と呼ばれ，2015年現在で子どもの相対的貧困率は13.9%であり，ひとり親家庭においては，50.8%と実に半数以上が相対的に貧困状態に陥っている。

では，学校は，こうした格差拡大と貧困状態のなかでどのような役割を果たしているのだろうか。先の「鉛筆の束と消しゴム，白紙の紙を持参して授業を始める」小学校の先生の話を思い浮かべれば，格差・貧困に抗して，すべての子どもたちの成長・発達を願う教師の真摯な姿がみてとれる。しかし，私立受験などの親の行動からみれば，学校は経済的成功をめざし，自分たちの現在の地位を「再生産」するために，あるいはより安定した地位へ「上昇」するための「教育投資」の対象となってしまっている。はたして，学校は格差を縮小する「平等化」装置なのか，それとも格差を拡大する「再生産」装置なのだろうか。本章では，「現代日本社会の格差・貧困と学校」を題材とし，上記の問いを考えていきたい[1]。

2 「教育と社会階級・階層」研究の歴史
──補償教育政策から文化的再生産論へ

本章の課題を解明するために，まずは教育社会学研究の中心的テーマのひとつである「教育と社会階級・階層」研究における基本概念とその歴史的展開を見ておこう。

社会移動の装置としての学校──補償教育政策

「社会階層と社会移動」研究では，近代社会の産業化が進展すればするほど，

メリトクラシー（＝能力・業績主義）原理に基づいて，人々の自由な職業間移動や階層間移動が実現されると考えられていた。「社会移動」の多い社会を「開放性」の高い社会と呼び，それが「平等な社会」の実現とされた。これを「近代化・産業化仮説」と呼ぶ。この仮説では，学校制度は「社会移動」装置として想定されている。「教育と社会階級・階層」研究の歴史は，学校が社会移動を促進する制度として，もっといえば，貧困を解消し，社会の平等を実現する「平等化」装置としての力を発揮するか否かが問われた歴史だったといえる[2]。

戦後アメリカでは，黒人問題をはじめとする人種問題とそれにまつわる「貧困」や格差問題が深刻であった。ジョンソン大統領は，「貧困との戦い」を自らの政策に明確に位置づけて，教育によって貧困の解消をはかる政策を推し進めた。つまり，「教育・学校を通じた社会の平等化の達成」がめざされたのだ。こうした政策は一般に「補償教育政策」と呼ばれている。アメリカでは，この補償教育政策の一環として，「ヘッドスタート計画」と呼ばれる就学前の子どもへの教育政策が行われた。たとえば，日本でも長い間放映されていた『セサミストリート』という番組は，就学前に英語を教えるという目的で，この計画の一環としてアメリカで放映されたものであった。

1960年代半ばには，この教育政策の成果を判定するために，公民権法の「教育機会の均等調査」に基づいて調査が行われた。「コールマンレポート」と呼ばれる，この調査報告では，学業達成の成功・不成功は教育環境（学校設備，教師，生徒，カリキュラム）よりも，子どもの人種や出身階級などの社会的背景によって制約されているという結論が下された。この調査結果により，学校での学業達成の成功・不成功の背後には，教育環境でなく，家庭要因が大きくかかわっており，成功できない家庭には文化的な「欠陥」があるとする「文化的剥奪論」という考え方が促進されてしまうことになった。さらに，1972年にこのコールマンレポートを再分析したジェンクスらによる共同研究においても，教育は社会の平等化に大きな影響を与えていないとして，「教育・学校を通じた社会の平等化の達成」は失敗したと結論づけられている。

こうした「教育・学校を通じた社会の平等化の達成」の失敗を背景にして，

教育社会学研究は，教室の内部に目を向けるようになる。それは，従来の教育と社会階級・社会階層の研究が，出身階級という入口（インプット）と教育成果（アウトプット）との関係だけを見ており，学校や教室内部で何が起こっているのかを見ていないという批判（＝ブラックボックス論）が起こったためである。こうして教室内部で階層的不平等を発生させる要因を検証する「教室研究（クラスルーム・スタディ）」が盛んになった。「教室研究」では，「習熟度別クラス（トラッキング，ストリーミング）」での序列と生徒の出身階級・階層との対応関係や，低い階級・階層出身の生徒に対する教師の期待が低いことなどが実証的に明らかにされた[3]。

再生産装置としての学校——文化的再生産論

「教室研究」から引き出された結論は，学校が「平等化」装置であるどころか，現在の社会階級・階層の差異を再生産しているというものであった。こうした理論展開のなかで，「文化的再生産論」と呼ばれる研究が生まれる。代表的な論者に，フランスの社会学者のP.ブルデュー，イギリスの教育社会学者のB.バーンスティンやP.ウィリス，そしてアメリカの経済学者のS.ボールズとH.ギンティスらがいる。それぞれの論者によって理論的な含意は違うので，一概にまとめることはできないが，その共通の発想をまとめれば，「文化的再生産論」とは，学校は生徒の文化的差異や社会的差異を再生産する装置であり，またそのことを通じて，社会階級やそれに基づく不平等が再生産され，正統化されるという学説である。

ここでは，文化的再生産論をもっとも緻密に展開した，ブルデューのそれを紹介しておこう。ブルデューの文化的再生産論は，①学校内部の仕組みそれ自体のなかに，文化的不平等を増幅する要因がある。とりわけ，学校で教えられる知識や指導には階級的なバイアス（かたより）がある（＝学校の文化的恣意性）。②「文化資本」が多く，学校文化に「親和的なハビトゥス」をもつ生徒は学校で成功＝同化することが相対的に容易であり，文化資本が少なく「非親和的なハビトゥス」をもつ生徒は学校で失敗＝排除される傾向が相対的に高い。③学

校での文化的不平等の再生産を通じて，社会の階級的不平等と階級的な支配関係（社会秩序）が再生産され，正統化されるという理論である。

　ここで，ブルデューが「ハビトゥス」と呼ぶものは，性向の体系（ふるまい方，言葉づかい，感性等）のことであるが，それはわれわれの日常行動を産みだす原理（＝行動原理）であり，また，ものごとを知覚し判断する原理（＝知覚・判断原理）でもある。この「行動原理と知覚・判断原理のセット」であるハビトゥスは，まずは家族の階級的文化を基礎として，それぞれの行為者に身体化される（第1次ハビトゥスの形成）。たとえば，小さいころから美術館や博物館に連れていくという行動は，家族によるハビトゥス形成の一例といえよう。また，「文化資本」は家族から伝達される文化的資源のことである。それは，①身体化された様態（たとえば，読書習慣や美術館通い），②客体化された様態（本や辞書などが家に多くある），③制度化された様態（学歴や資格）の3つの様態からなる（ブルデュー 1986）。

　バーンスティンは，中産階級の子どもたちが主に使用する言語コード（＝「精密コード」）と労働者階級の子どもたちが主に使用する言語コード（＝「限定コード」）が違うこと，さらに，学校で使用される言語コードは中産階級の使用する「精密コード」と親和的であることから，中産階級が学校での成功に有利なことを明らかにした。

　このように文化的再生産論は，家族から伝達される文化資本の量やハビトゥス，言語コードの違いによって学校での成功・不成功が決定されるという理論である。しかし，家庭状況によって学校での成功・不成功が決定されているという意味では，一見すると先述した「文化的剥奪論」に近いように見える。事実，バーンスティンの言語コード論は文化的剥奪論へ影響を与えたともいわれている。しかし，文化的再生産論は，文化的剥奪論のように問題を家族に還元せずに，差異や格差を増幅させる学校にこそ問題があると主張しているのだ。

　この点について，バーンスティンは「文化的剥奪論」に基づいた補償教育を次のように批判している。彼によれば，①文化的剥奪論に裏づけられた「補償教育」概念の使用は，学校自体の欠陥から注意をそらし，地域，家族，子ども

内部の欠陥に問題を集中させる。②補償教育は子どもの幼い時期の重要性を強調するが，子どもの7歳以降の教育経験の意義を無視している。③文化的剥奪論は，労働者階級の生活様式や文化的価値観を校門で洗い落とすことを期待するものである。④子どもがすでにもっている社会的経験は有効で意味があり，それを思い起こさせるのは補償教育ではなく，教育そのものである。バーンスティンは，こうした「『補償教育』という見方をやめ，教育環境の条件と文脈を最大限に体系的に考察すべきである」(バーンスティン 1981，234頁)と述べた。また，ブルデューも学校での文化的不平等を減少させる「合理的教育学」の確立を説いた(ブルデュー 1997)。つまり，文化的再生産論は，学校の再生産の作用に焦点をあて解明したが，同時に，学校の再生産の「抑制」がいかにして可能なのかという課題も視野に入れた理論なのだ。

　以上，学校は平等化装置なのか，それとも再生産装置なのかを論点の中心にして，「教育と社会階級・階層」研究の流れを概観した。簡単にまとめると，補償教育政策は就学前に社会階級・階層による格差や貧困とそれに基づく不平等を縮小し，学校による平等化をめざす政策であった。しかし，それは成功せず，むしろ家族に欠陥があるという文化的剥奪論を結果的に促進することになってしまった。それに対して，文化的再生産論は，学校こそが社会階級・階層の不平等を再生産している制度であることを明らかにした。

3　日本型大衆社会の再収縮と学校の階級・階層性
　　──学校の排除作用

　2で見てきた議論は1960・70年代のものであったが，1でみた日本社会の教育格差の現実からして，今日的な意義をもつ議論であることがわかるであろう。3では，今日の日本社会における学校と社会階級・階層性の例として，学力低下問題を取り上げ，学校の階級・階層性を「日本型大衆社会の再収縮」との関連から検討する(4)。

　就学援助率は，2010年代には全国平均で約15％まで増加し，教育格差は拡大してきた。また，子どもの貧困率も2012年には16.3％にまで上昇した。

2015年には数値上は貧困率は下がったものの,物価水準を考慮すれば貧困率の減少はそれほど大きくなく,苦しい実態には変わりはない。

こうした教育格差・貧困の発生は,「グローバリゼーション」と呼ばれる多国籍企業化とそれを推進する日本型新自由主義政策(＝構造改革)とによって引き起こされた。新自由主義とは,さまざまな社会領域で「規制緩和」を推進し,市場原理を導入することで,従来の「大きな政府＝福祉国家」を解体し,「小さい政府＝非福祉国家」をめざす政策である。さらに,新自由主義は「失敗するのは自分のせいだ」と思わせる「自己責任イデオロギー」を人々に浸透させることになる。

日本の場合は,構造改革によって「日本型大衆社会の再収縮」がおこった(後藤 2001, 2002)。「日本型大衆社会」とは,1960年代に成立し,1970年代後半に完成した企業統合型社会のことである。それは,国民の多くが,①新卒一括採用,②年功賃金,③終身雇用,④企業別組合を特徴とした「日本型雇用」によって,企業に統合＝支配されることによって,ある種の「豊かさ」を享受するが,その引き換えとして,過労死するほどの過酷な労働や出世競争を受容させられる社会である。家族においては,企業社会で優位な位置を占めさせるために,「いい高校→いい大学→いい企業」という具合に偏差値や学校ランクをめぐって激しい受験競争を戦うことを,子どもたちに余儀なくさせ,母は過労の夫と通塾する子どもを支える「専業主婦」として生きることを強いられた。1980年代に吹き荒れた校内暴力は,こうした企業統合型社会へ追い込む「教育における競争」に対する子どもたちなりの「抵抗」だったと位置づけられよう。

1990年代後半以降,構造改革によって,日本型大衆社会(＝企業統合型社会)は「再収縮」した。それは度重なる労働者派遣法の改悪による非正規雇用の拡大と「日本型雇用」の解体によって,企業社会による統合の外側へ多くの労働者を排除することであった(「収縮」は多くの国民を統合して膨らんだ大衆社会の状態から非正規雇用などの労働者たちをその外側へ排除して,萎んだ大衆社会の事態を指す)。この「再収縮」の結果として不平等や格差・貧困が拡大した。非正規雇用の拡大によるフリーター問題はこの端的な例である。また,フルタイムで働いてい

るにもかかわらず，収入が生活保護基準以下の世帯収入しかない「ワーキング・プア」が急増している（後藤 2011）。「子どもの貧困」の急速な拡大はこうした状況の帰結なのである。

学力低下問題と社会階級・階層的要因

こうした格差拡大を背景とした教育問題の1つが「学力低下」問題である。近年，子どもたちの学力分布が，中央が高い山型の正規分布ではなく，勉強のできる層とできない層の「ふたこぶ」になるという学力格差が指摘されている。その背後には，親の学歴や職種などの階層によって，子どもの勉強時間や学力達成目標などにも差がでるという「意欲格差（インセンティブ・ディバイド）」の発生が指摘されている（苅谷 2001）。

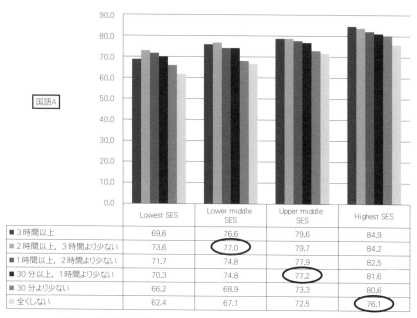

図 8.4 社会経済的背景別，学習時間と国語A正答率の平均値（中3）
（お茶の水女子大学　2014）

図8.4 は，全国学力・学習調査の社会経済的背景別，学習時間と子どもの学力の分析の結果である。これをみると，全般的に社会経済階層が高い方が学力が高く，低い階層の方は学力が低いことがわかる。同じ階層の内でみると，勉強時間が長い方が学力が高くなっている。同じ勉強時間の場合は，階層差は維持されたままだが，「もっとも階層が高い（Highest SES）・全く勉強しない層」の方が，「もっとも階層が低い（Lowest SES）・3時間以上勉強する層」より高い得点であるという驚くべき結果となっている。

なぜ，このような格差が生まれるのか。そこには「意欲格差」だけではなく，同じ勉強時間だとしても，ひとりで勉強するのではなく，通塾できる経済資本があるのか，わからないところを親が教えることができる文化資本があるのかという資本の差がある。つまり，学力低下の背景には，たんに個人の努力の差だけでなく，いまみた「日本型大衆社会の再収縮」による社会階級・階層間格差の拡大とそれにともなう家庭状況の格差が背後にあることを認識する必要があるのだ。

学校の階級・階層的排除作用

では，学校では階級・階層格差はどのように発生しているのだろうか。先述した文化的再生産論によれば，学校はハビトゥスの親和・非親和性による排除が行われているという。表8.1 は，文化資本に関わる7つの質問項目（①家にパソコンがある，②家の人が勉強や宿題をみてくれる，③家の人が手作りでおかしをつくってくれる，④家の人が博物館や美術館につれて行ってくれる，⑤小さいとき，家の人に絵本を読んでもらった，⑥家の人はテレビでニュースを見る，⑦家の人と海外旅行に行く）の回答をもとに，文化資本の量によって，3つの文化階層（高・中・低）を作成し，階層ごとの学校体験を比べてみた結果である。

表8.1 からわかるように，①「学校へ行くのが楽しみだ」，②「学校の勉強はよくわかる」，③「わたしの気持ちをよくわかってくれる先生がいる」のいずれの質問項目においても，文化階層の高い層の方が肯定的な回答をしている。たとえば，「わたしの気持ちをわかってくれる先生」という質問項目では，中

表8.1 文化階層と学校体験の肯定的回答

	学年	文化階層・高	文化階層・中	文化階層・低	有意確率
学校へ行くのが楽しみだ	小3	85.6%	85.2%	71.9%	***
	小6	83.1%	81.1%	72.5%	***
	中2	74.4%	68.7%	58.4%	***
	高2	64.1%	58.3%	50.0%	***
学校の勉強はよくわかる	小3	83.6%	85.4%	78.4%	**
	小6	81.5%	81.1%	71.0%	
	中2	64.9%	58.4%	44.6%	***
	高2	49.7%	41.4%	37.6%	***
わたしの気持ちをよくわかってくれる先生がいる	小3	77.0%	71.3%	62.5%	***
	小6	58.1%	50.3%	40.3%	***
	中2	41.3%	33.9%	28.1%	***
	高2	37.5%	31.6%	26.1%	***

（小澤浩明（2005）「文化資本・文化階層からみた子ども・青年の実態分析」より作成）
***　$p < .01$ の水準で有意。**　$p < .05$ の水準で有意。
肯定的回答＝「とても感じる＋やや感じる」

学校2年生の文化階層・高の肯定的回答は41.3％，文化階層・中で33.9％，文化階層・低で28.1％と階層が高いほど，肯定的回答も高い。これは小学生，高校生においても同様の現象となっている。つまり，文化階層が高いほど，「学校へ行くのが楽しみで，勉強もよくわかり，気持ちをわかってくれる先生がいる」ということになっているのだ。

ところで，「わたしの気持ちをよくわかってくれる先生がいる」のように一見すると，社会階級・階層とは無関係な質問において，なぜこうした差が発生するのだろうか。先に文化的再生産論で説明した「ハビトゥスの階級・階層的親和性」がこうした現象をよく説明してくれる。つまり，学校に親和的ハビトゥスをもつ生徒と非親和的ハビトゥスをもつ生徒がおり，教員が意識しているか否かにかかわらず，学校は親和的ハビトゥスをもつ生徒を「包摂する」一方で，非親和的ハビトゥスをもつ生徒を「排除する」傾向にあるのだ。

4 学校は，社会階級・階層的不平等の「抑制」のために何ができるのか

　さて，いままで見てきたように，学校と社会階級・階層性には，①文化的再生産論が示すような学校内部の格差増幅要因（＝文化的不平等）と，②新自由主義政策による格差拡大（＝社会経済的不平等）という「二重の格差要因」があった。そして，それらは相互に関係して，不平等は存続している。したがって，学校における再生産の「抑制」のためには，それぞれの格差要因への対処が必要になる。つまり，学校外の社会的不平等の減少なくしては，学校内の平等は達成できない。だからといって，学校内部の格差増幅要因に対処しなければ，そもそも学校の再生産を「抑制」することはできない。この点は，P. ブルデューが文化的不平等の減少をめざす「合理的教育学」の確立を説いた際に，強調していたことでもあった（ブルデュー 1997, 139頁）。では，再生産の「抑制」のために，学校に何ができるのか。それぞれの「格差要因」と関連させて考えてみる。

　学校内部の格差要因に対しては，第１に「排除する学校の変革」という課題があげられる[5]。文化的再生産論は，学校文化とハビトゥスの親和・非親和性によって，成功＝同化・失敗＝排除が規定されていることを解明した。この問題を克服するために，出身階級・階層およびハビトゥスにかかわらず，すべての子どもを包摂できる学校をつくりだす必要がある。ブルデューは合理的教育学の発展形態のなかで，それを「優れたものの形態の多様性―知の一元的序列化を排し，文化的優秀さの多様化を」する必要性を説いている（コレージュ・ド・フランス教授団 1988）[6]。日本の文脈で言い換えれば，全国学力テスト体制のもとでの学力の一元的な序列化を排し，「教育的価値を多元化」することで，さまざまな子どもを包摂することのできる学校づくりをめざす必要がある。

　第２は，学校知識の文化的恣意性の変革である。簡潔にいえば，既存の「学力」の問い直しである。まずは，「とりあえず多くを知っておけばいい」という日本型学校知識（＝「要素的知識観」。本書第２章参照）の克服が必要であろう。受験に乗る層にとっては，要素的知識観に基づく知識であっても，勉強動機と

して作用することもあるが，そうでない者たちにとっては，こうした知識はまったく興味を喚起しない場合が多い。「学力低下」問題に関する議論には，「学力」の中身それ自体を問わない議論も多く，結果として，習熟度別学習やドリル学習などを助長することになってしまっている。「学力」それ自体の問い直しを含んで，はじめて文化的再生産の「抑制」が可能となる[7]。

　学力の問い直しの1つの方向として，学校知識と仕事とのレリバンス（関連性）を強めるという提言（本田 2009）がある。これは「要素的知識観」の克服の第一歩となろう。先に述べた「日本型大衆社会の収縮」を労働市場の観点からみれば，新卒一括採用し企業内で研修がなされた「日本型雇用」が崩れ，多くの若者が職種別に雇用される「職種別労働市場」が拡大したということになる（後藤 2011）。しかし，職業別の職業訓練は日本には十分整備されていない。だとすれば，義務教育段階以降の学校は，職種別労働市場に合わせた学校知識やカリキュラムの提供が構想される必要もあろう。たとえば，ノンエリートの労働者の現状に詳しい労働経済学者は，階級・階層別ライフスタイルを認め，自らの仕事にプライドを持ち，文化的に自立できることをめざすために，学校における「職業教育の内容の豊富化」が必要だと述べる（熊沢 1993）。さらに，仕事とのレリバンスだけでなく，より根源的に，生きること，生活すること，人との関係を取り結ぶこととレリバンスのある学校知識を構想する必要もあるだろう。

　次に，新自由主義政策による社会的格差拡大要因に対してである。非正規雇用を減少させ，最低賃金をあげる雇用安定化政策や児童扶養手当の増額や生活保護水準を切り下げさせない社会保障全般の充実などの「新福祉国家」構想が求められるが，ここでは学校との関係だけに絞って述べる[8]。第1に学校の福祉的機能の強化が必要となる。就学援助率の増加の背後には，経済的困難を抱えた家庭が増加することをいち早く察知した学校事務職員たちが，保護者へ就学援助制度を周知し，普及したという努力があった。子どもがいる世帯の困難を最初に感知し，それに対して日常的に援助することのできる，地域の最初の機関として学校が期待されるゆえんである。イギリスでは，朝食を食べることができない子どもたちのために，学校で朝食を提供したり，親の福祉相談も

受けつけるエクステンディット・スクール（＝機能を拡大した学校）がある。日本では 2013 年に子どもの貧困対策法が成立し，学校にスクールソーシャルワーカーを配置し，学校を「貧困のプラットフォーム」にするという「大綱」が出された。スクールソーシャルワーカーが学校に，「教育的視点」とは異なる「福祉的視点」を導入することで，先に述べた「排除する学校」を「包摂する学校」へ変革するとともに，さらに，こうした福祉機能を強化して，学校が「地域福祉センター」として機能することを構想できないだろうか[9]。

　第 2 に，義務教育の完全無償化などの教育条件整備をすすめることである。こうした格差と貧困の拡大のなかで，学校給食をはじめ，学校で使用する副教材，制服，遠足代金など，義務教育にかかるいっさいの費用の無償化が実現されるべきである[10]。高校においては就学援助制度がないため，その代替として，高校授業用無料化を復活したうえで，就学支援金や奨学給付金のよりいっそうの拡大が求められる。大学においては，奨学金という名の利子つきの「教育ローン」ではなく，無利子の奨学金，給付型奨学金の拡充が求められる。ちなみに，2008 年の試算であるが，小中高の学校徴収金，給食費（完全実施），高校授業料無償の実現のために約 2 兆 1,300 億，小・中学の少人数学級の実現のために 1 兆 2,600 億，合わせて 3 兆 3,900 億の公費支出の増額が必要である。初等中等教育への公費支出の対 GDP 比は 2.5％であり，OECD で最下位の国であるが，その比率をわずか 0.7％上昇させ，対 GDP 比 3.2％とすれば，その増額は可能なのである。それでも OECD 平均の 3.5％には及ばない（世取山・福祉国家構想研究会編 2012）。

　以上のように，学校は学校内の文化的不平等と学校の前での社会・経済的不平等の「二重の格差要因」のそれぞれに対処することによってはじめて，再生産の「抑制」を可能にすることができるのだ。

【小澤　浩明】

注
（1）　子どもの貧困については，阿部（2008, 2014）を参照のこと。
（2）　以下の記述は，黒崎（1989），森（1992），苅谷（1995）を参考にした。
（3）　教師からの期待の高低が生徒の成績に影響を与えることを明らかにした，いくつ

かの重要な概念（ピグマリオン効果，スティグマ，ラベリング）については，森（1992）を参照のこと。
（4）「日本型大衆社会」については，後藤（2001, 2002）を参照。「日本型大衆社会」という社会把握は，「大衆教育社会」というそれ（苅谷 1995）とは違い，「企業社会による支配＝統合」に問題性をみる点に特徴がある。
（5）「排除に抗する学校」については，西田（2012）を参照。
（6）ブルデューが座長であるコレージュ・ド・フランス教授団の報告書は，ブルデューの合理的教育学の発展形態として位置づけることができる（小澤 2004b）。
（7）学校の再生産を克服し，どんな条件におかれた子どもにも学力をつけることのできる学校を，「効果のある学校（エフェクティブ・スクール）」とする論が注目されている（鍋島 2003）。これは親の学歴や通塾や出身階層にかかわらず，どの子どもも一定以上の学力を身につけさせることのできる学校のことである。近年，教育社会学では，「効果のある学校」を「力のある学校」と呼び，そうした学校の共通性を探る研究がすすめられている（志水編 2009）。しかし，再生産の「抑制」には，学校内部における文化的不平等への対処と社会・経済的不平等の対処の両者が同時に必要であるという本論の立場からいえば，「効果のある学校論」には，①現存する日本型学校知識への問い直しと，②社会的不平等を解決するための社会政策との結びつきとが十分ではないという問題点が残っている。後者の点については，ウィッティ（2004, 158-159頁）を参照のこと。
（8）新福祉国家構想については，後藤（2006）を参照。また，大月書店から福祉国家構想研究会編のシリーズ本が刊行されている。教育については，世取山・福祉国家構想研究会編（2012）を参照。
（9）子どもの貧困に対する教育支援の取り組みについては，柏木智子・仲田康一編著（2017），末冨芳（2017）を参照。
（10）義務教育の完全無償化については，藤本典裕・制度研編（2009）を参照。

引用文献

阿部彩（2008）『子どもの貧困』岩波新書
阿部彩（2014）『子どもの貧困Ⅱ』岩波新書
ウィッティ, G.（2004）『教育改革の社会学』東京大学出版会（原著 2002）
ウィリス, P.（1996）『ハマータウンの野郎ども』ちくま文庫（原著 1977）
小澤浩明（2004a）「6・3・3制の再編と階層化した競争の誕生」中内敏夫・小野征夫『人間形成論の視野』大月書店
小澤浩明（2004b）「P. ブルデューの合理的教育学の展開と再評価」『日仏教育学年報』第10号
小澤浩明（2005）「文化資本・文化階層からみた子ども・青年の実態分析」日本教育学会特

別課題研究報告書『現代教育改革の下での子ども・若者，その成長・生活・意識集団形成』

お茶の水女子大学 (2014)「平成25年度全国学力・学習状況調査（きめ細かい調査）の結果を活用した学力に影響を与える要因分析に関する調査研究」
https://www.nier.go.jp/13chousakekkahoukoku/kannren_chousa/pdf/hogosha_factorial_experiment.pdf

柏木智子・仲田康一編著 (2017)『子どもの貧困・不利・困難を越える学校』

苅谷剛彦 (1995)『大衆教育社会のゆくえ』中公新書

苅谷剛彦 (2001)『階層化日本と教育危機』有信堂

苅谷剛彦・志水宏吉編 (2004)『学力の社会学』岩波書店

コレージュ・ド・フランス教授団 (1988)『未来の教育のための提言』『世界』3月号

熊沢誠 (2011)『働き者たちの泣き笑顔』有斐閣

黒崎勲 (1989)『教育と不平等 現代アメリカ教育制度研究』新曜社

後藤道夫 (2001)『収縮する日本型〈大衆社会〉』旬報社

後藤道夫 (2002)『反「構造改革」』大月書店

後藤道夫 (2006)『戦後思想ヘゲモニーの終焉と新福祉国家構想』

後藤道夫 (2011)『ワーキングプア原論』花伝者

志水宏吉編 (2009)『「力のある学校」の探求』大阪大学出版

末富芳 (2017)『子どもの貧困と教育支援』明石書店

鍋島祥郎 (2003)『効果のある学校 学力不平等を乗り越える教育』解放出版

西田芳正 (2012)『排除する社会・排除に抗する学校』大阪大学出版

バーンスティン，B. (1981)『言語社会化論』明治図書（原著 1971）

藤本典裕・制度研編 (2009)『学校から見える子どもの貧困』大月書店

ブルデュー，P. (1986)「文化資本の3つの姿」『アクト』No.1（原著 1979）

ブルデュー，P., パスロン，J-C. (1991)『再生産』藤原書店（原著 1970）

ブルデュー，P., パスロン，J-C. (1997)『遺産相続者たち』藤原書店（原著 1964）

本田由紀 (2009)『教育の職業的意義』ちくま新書

森重雄 (1992)「現代教育の基本構造」田子健編『人間科学としての教育学』到草書房

世取山洋介・福祉国家構想研究会編 (2012)『公教育の無償性を実現する』大月書店

考えてみよう

1. 大学に進学しない生徒が「こんな勉強してどんな意味があるのですか」と質問した場合に，どのように教師は答えることができるのか。また，この質問に教師が自信をもって答えることができるカリキュラムはどのように構想されるのか考えてみよう。
2. 学校の福祉機能として，現在どんな機能が学校にあるか。また，今後どんな機能が期待されるのか，学校の「地域福祉センター」構想を作成するつもりで考えてみよう。

参考文献 (further readings)

P. ブルデュー，J-C. パスロン『再生産』宮島喬訳，藤原書店，1991 年（原著 1970 年）

いわゆる「文化的再生産論」の代表的な書である。本書は，教える行為は，文化的恣意性（学校知識と教師の指導の中に埋め込まれている）の押し付けであるという意味において，「象徴暴力」であると主張する。この象徴暴力の行使は，いまある文化体系を再生産（＝「文化的再生産」）し，そのことを通じて，その象徴暴力の基盤となっている社会階級関係の再生産（＝「社会的再生産」）を引き起こすという。教育社会学は，「文化的再生産による社会的再生産」の解明学であるという意味で，社会の支配メカニズムの分析に不可欠な学問であることを，本書は教えてくれる。と同時に，学校における再生産の「抑制」の困難さを思い知らされることにもなる。

P. ウィリス『ハマータウンの野郎ども』熊沢誠・山田潤訳，ちくま文庫，1996 年（原著 1977 年）

本書では，労働者階級の子どもたちである「野郎ども」がなぜ自発的に，親と同じきつい非熟練の肉体労働につくのかという問いを解明するために，学校での参与観察が行われている。著者は，文化的再生産論の枠組みを批判的に使いながら，この自発的な過程が野郎どもの形成する「反学校文化」を通じて進行していることを明らかにした。この反学校文化には，個人主義や能力主義が浸透した資本主義の矛盾を見通すという意味で「洞察」がある反面，男らしさの強調や女性や移民への差別的なまなざしを内在させているという意味での「制約」もある。野郎どもの反抗は，資本主義のきれいごとを見抜く，既存の社会秩序への「抵抗」なのか，それとも他人の嫌がる底辺労働を自発的に引き受けることで資本主義を存続させる「再生産」にすぎないのかという問題を提起しているといえよう。いずれにしても，「反学校的」な行為だけに目を奪われることなく，生徒たちの行為の背後にある社会的要因を見極める眼を養うための格好の書である。

久冨善之編著『豊かさの底辺に生きる』青木書店，1993 年

本書は，生活保護受給家庭やひとり親家庭などの生活困難層の親子へのインタビュー調査の報告である。インタビューでは，親の苦労の絶えない生い立ち，家族関係，子どもの学校生活，地域の人間関係について聞いている。本書では，①生活困難層の子どもの学校不適応がそれ以外の階級・階層と比較した場合に4倍程度に上ること，②家族関係を維持するためにさまざまな努力が払われ，子どもの進学期待もけっして低いものではないこと，③地域の人間関係において，生活困難層が孤立・敵対していることなどが明らかにされている。④その反面，学校教員たちは，「生活困難層」という階級・階層的な視点から子どもを把握することを嫌い，「ヴェール一重」向こうにある彼ら・彼女らの現実生活を把握できていないことも明らかにされている。子どもの貧困と教育問題を考えるためのきっかけとなる本である。

第9章　国民国家・ナショナリズムと教育・学校
——その原理的考察

1 「国旗」「国歌」と教育・学校
——「国民国家・ナショナリズムと教育・学校」問題への導入として

　2006年9月21日，学校教育現場における「国旗」「国歌」の取扱いをめぐるある裁判の判決が，東京地方裁判所において下された。下記は，その判決について報じた，判決翌日の『朝日新聞』朝刊の記事からの抜粋である。

　　入学式や卒業式で日の丸に向かっての起立や君が代の斉唱を強要するのは不当だとして，東京都立の高校や養護学校などの教職員が都教委などを相手に，起立や斉唱義務がないことの確認などを求めた訴訟の判決が21日，東京地裁であった。難波孝一裁判長は，違反者を処分するとした都教委の通達や職務命令は「少数者の思想・良心の自由を侵害する」として違憲・違法と判断。起立，斉唱義務がないことを確認し，違反者の処分を禁止した。さらに，401人の原告全員に1人3万円の慰謝料を支払うよう都に命じた。都側は控訴する方針。

　記事にあるようにこの裁判は，2003年10月に東京都教育委員会が都立学校の各校長宛に通達「入学式，卒業式等における国旗掲揚及び国歌斉唱の実施について」およびそれに添付された「実施方針」を発したことが，事の発端となっている。これらの文書は，校長に対して，学校の儀式の際の「国旗」掲揚・「国歌」斉唱・会場設営の方法を事細かに指示し，「国旗」に向かって起立すること・「国歌」を斉唱すること・ピアノ伴奏をすることを所属の教職員に対し

て命令し，従わない者は処分することを周知するように命ずるものである。原告401人は，こうした内容の通達が発せられていること自体が「精神的損害」を与えるものだとして，実際に校長の職務命令が下され処分がなされる以前に，「国旗」に向かっての起立・「国歌」斉唱・ピアノ伴奏の義務がないことの確認と処分の差し止めを求めて，この訴訟を起こしたのだった。

　さて本章では，"国民国家やナショナリズムにとって教育および学校はどのような意味をもつものなのか？"，逆に"教育・学校にとって国民国家・ナショナリズムはどのような意味をもつものなのか？"という問題（「国民国家・ナショナリズムと教育・学校」問題とする）について，原理的なところから考えていこうと思っている。そうした「国民国家・ナショナリズムと教育・学校」問題についての原理的な考察を経ることによって，上に示した裁判事例がどんな検討課題を提起しているかを，より深く考えることができるだろう。

2　国民国家・ナショナリズム

　2では，「国民国家・ナショナリズムと教育・学校」問題について考える本章のキーワードである「国民国家」および「ナショナリズム」について，その意味するところの基本をおさえておきたい。

国民国家とは何か

　まず「国民国家」についてである。国民国家とは，およそ18世紀の西欧に登場する，国家一般のうちのある特殊なタイプである。それは次のような特徴を有している[1]。

　① 国民国家は，主権を備えた国家である。ある国家がある空間的領域に対して唯一絶対的な支配権限を及ぼすとき，その国家はその領域に対して「主権」を有しているという。主権を備える以前の国家は，それが支配を及ぼそうとする領域内であっても，叛乱を起こさず租税を納めているかぎり，その住民や他の「政治団体」[2]の自律性をかなりの程度許容せざるをえず，一元化された支配（=「統治 government」；国家が自らのものと主張する領域全体に対して斉一的な

管理を行き届かせようとすること。ギデンズ 1999, 73 頁）を達成できているとはいえなかった。

　② 国家の主権は，それが一定の領域において暴力行使の力を有する唯一の政治団体であることによって最終的に担保される。主権成立以前においても，国家の保持する暴力は他の政治団体のそれより強大ではあった。だがそこでは，暴力行使が可能な複数の政治団体が並立し，それらが織りなす主従関係ネットワークの頂点に位置するのが国家の首長たる王や皇帝なのであり，国家による暴力の一元的な独占が達成されていたわけではなかった。

　③ 国家の主権が及ぶ範囲をその国家の「領土」といい，その国家の領土と他の国家の領土を区切る境界を「国境」というが，主権を有する以前の国家には，文字通りの領土や国境は存在しなかった。というのも，① で述べたように統治といえる程度の支配が，また ② で述べたように暴力の一元的な独占が，領域内において実現できていなかったからである。領土と国境は，ある 1 つの国家がその暴力行使や支配権限の独占を徹底化することによってこそ成立する。だが同時にそれらは，複数の主権国家が相互に承認し合うことによって確定されるものであることもおさえておかなければならない。そのことはまた，国家の主権そのものが，そうした主権国家間のシステムにおける相互承認によって支えられ発生したことをも意味している。

　④ ここまでのことは，国家が国民国家たることの必要条件ではあるが十分条件とはいえない。ここまでは，国民国家がはじめて登場した地域であるヨーロッパでは，その前段階の国家である「絶対主義国家」において，完全ではないにせよ一定程度の発達を見せていたことである。これらに加えて，国境によって画された領土内に居住する人々が「国民」へと編成されていくことが，国家が国民国家たる重要な要件である。

　⑤ 国家が領土内の住民を国民へと編成するプロセスを「国民化」という。それは，国民国家以前の「旧制度下の住民とは根本的に異なる別種の人間」としての「国民」（西川 1995, 30 頁）がつくり出されるプロセスである[3]。このプロセスのなかで，「国民的一体性の意識（ナショナル・アイデンティティ＝国民

的アイデンティティ）」(木畑 1994，5頁) も形成されることになる。

⑥ そうした国民化を含めて国民国家が形成されるプロセスは，それを担う諸「国家装置」が形成されるプロセスでもある。国家装置とは，フランスの哲学者 L. アルチュセールの言葉である (アルチュセール 1993)。アルチュセールは，国家装置を大きく「抑圧装置」と「イデオロギー装置」に分類した。彼は，「抑圧装置」として具体的に，政府・行政機関・軍隊・裁判所・監獄をあげている。また，イデオロギー装置としては，教会制度など宗教の，学校の，家族の，法の，政党など政治の，組合の，マスメディアによる情報の，文学・美術・スポーツなど文化のイデオロギー装置をあげている。彼によれば，抑圧装置は基本的に暴力によって機能し，イデオロギー装置は基本的にはイデオロギーによって機能するという（「イデオロギー」の意味は後述）。また，イデオロギー装置は，人々に国家装置として意識されないようなかたちで，広く日常の社会生活の諸領域にまで広がって存在するものだという。

⑦ 国民国家は①で見たようにその領土の十全な支配（＝統治）を徹底させていくが，それは，国家が領土の住民たる国民に対して直接的な暴力行使を徹底させていくことを意味するのではなく，むしろ国家が国民に対して安全や一定程度の生活水準などさまざまな利益を供与することによってその支配を確たるものとし，暴力をそのための最終的な担保として間接化させたかたちで組織化していくことを意味している。さらには，国民自身が国家の行使する暴力や権力の担い手として参画していく機会も開かれていく。このように国民国家においては，国家が行使する暴力や権力が国民に由来するものであるとしてその正統性が主張されるようになり，国民は国家の主体としての位置を占めるようになり，多数者による支配である「ポリアーキー」(ギデンズ 1999；元はアメリカの政治学者 R. ダールの言葉) の体制がつくり上げられていく。

ナショナリズムとは何か

次に「ナショナリズム」についてである。ある社会学の事典 (見田他 1988) の「ナショナリズム」の項目では，この言葉を「ネーション……の統一・独立・

発展を希求する思想・感情・イデオロギーおよび運動」と定義している。しかしこの定義が意味するところは，コンテクストによって，「ネイション」の含意が変わり，またその「思想・感情・イデオロギーおよび運動」がさまざまな現れ方をするために，非常に多義的である[4]。前項で見た国民国家とその形成というコンテクストでは，ネイションは，その国民国家の支配下に包摂される「国民」のことをさし，ナショナリズムは，国民国家がそのように人々を支配下に包摂しその統一性を強めていくことをよしとしそれを促進しようという思想・運動などを意味する，と考えていいだろう。だがナショナリズムはそういうものとしてだけでなく，自分たちをあるネイションとみなす集合的アイデンティティを抱いたうえで，そのネイションの凝集性を強めようとしたり，他に対するその優越性を誇ったり，その勢力拡大をはかったり，それに対する他からの侵害に抗議し尊重を要求したりなど，さまざまなかたちをとって表れる思想・運動である。

3 国民国家・ナショナリズムの生成と教育・学校

1980年代，英語圏において国民国家・ナショナリズムをめぐる重要な文献がいくつか発表された。2で参考にしたギデンズ（1999）もその1つだが，3では英国の哲学者・人類学者E.ゲルナーの著書（ゲルナー 2000）を主に取り上げ検討していきたい。ゲルナーは，近代における国民国家・ナショナリズムの生成にとっての教育・学校の意義を重要視する議論を展開している。3の課題は，そうしたゲルナーの所説に依拠して，国民国家・ナショナリズムの生成と教育・学校との関係の原理的な把握を試みることである。

ゲルナーのネイション・ナショナリズム論

ゲルナーのこの著書は，人類の歴史を大きく概観しつつ，そのなかに「ネイション」および「ナショナリズム」の発生を位置づけようとする社会哲学的な考察を行っている。ゲルナーはこのなかで，人類の歴史は「前農耕社会」「農耕社会」「産業社会」という3つの基本的な段階をたどってきたとしている。

ゲルナーによれば，国家が発生したのは，農耕社会においてである。

ゲルナーは，農耕社会の社会構造は，地域的に分立し横のつながりが断たれた，人口的に圧倒的多数の農耕民の共同体と，地域性には縛られないが各々の間でつながりを欠き分離した諸階層（戦士・祭司・聖職者・行政官・都市上層市民等）を成す少数の支配層とによって成り立っていたとする。農耕民は，その意味が各共同体のコンテクストにおいてのみ確定できるような言葉でコミュニケートする傾向があった。国家の側も，農耕民から税は徴収するが，その共同体間の横のコミュニケーションを推進したり，支配層の文化のなんらかの要素によって社会全体を文化的に統合したりしようという関心はもたなかった。このように農耕社会は，その社会を構成する人々が階層的に，あるいは地域的に強く分離され差異化された，そしてそうした構造の変化が緩慢な社会であった。

一方ゲルナーによれば，産業社会は「永久に成長し進歩する社会」である。その「永続的成長」（ゲルナー 2000, 40 頁）が可能になるためには，社会の構造はかつての安定性を放棄しより流動的なものへと変化しなければならない。それは，産業社会は，その成長を支える高度の生産性を確たるものにすべく，複雑で洗練された分業に基づく社会構造を備える必要がある，ということを意味する。そうした産業社会の分業の特徴について，ゲルナーは次のように述べている。農耕社会では，その社会の圧倒的多数者であった農耕民は，誰もがほぼ同じような仕事を行っており，そうした同質性ゆえに相互に交代可能な存在であった。この社会では，少数の者たちだけが，一生涯にわたる訓練を要するきわめて専門特化した役割を担っていた。これに対して産業社会における分業は，農耕社会に比べより高度に専門分化した多数の役割によって成り立つようになる。しかしそれらの役割は，それを担う者たち同士の間で相互に理解可能であり，かつ必要に応じて交代可能なもの——役割は，農耕社会のように同質的ではなくなり，多様に専門分化したにもかかわらず——でなければならない，と。

ゲルナーは，こうした産業社会の分業におけるさまざまな役割を人々が互換的に担えるようになるためには，圧倒的多数の子ども・若者が「非専門的で標準化された訓練」（同上，46 頁）を共通して受けることができるような教育制度

が必要であることを強調する。つまり、分業上のどの役割を担うにせよ必要とされる、読み書き、計算能力、基礎的な労働習慣・社会的な技能など、一定の共通の資質を獲得できるような教育制度が必要となってくるというのである。

ゲルナーは、こうした教育制度は、「一対一の実地教育方式」と「集中化方式」という両極のうち後者の側を採ることになるという。農耕社会における支配層および農耕民の共同体においては、子ども・若者に対する教育は、かれらが年長者とともに営む生活の一構成部分として実地でなされ、したがって特別な教育の専門家をあまり必要としなかった。これが、一対一の実地教育方式の特徴である。それに対して集中化方式は、子ども・若者をその生活のコンテクストから引き離し、教育を専門とする者によって集中的に行う点が特徴である。

ゲルナーによれば、産業社会がこうした集中化方式の教育制度を必要とするのは、その社会における職業活動の内実による――それらの職業活動が高度に分業化するようになったことによるのみならず――ところでもある。産業社会の職業活動では、モノよりも意味の操作が重要度を増すようになる。つまりそこでは、機械の操縦の仕方を誰もが共通に理解できなければならないし、そうしたことも含め人々は他者との間で誰にでも理解可能な言葉によるコミュニケーションを交わすことができなければならない。そこで必要とされるのは、英国の社会学者B. バーンスティンのいう「精密コード」(ローカルな文脈から独立しそこに拘束されない形でメッセージを発したり理解したりするために必要な、言語を発し理解するためのコード。バーンスティン 1981) に基づくコミュニケーションを行う能力である。それは前述のような農耕社会におけるコミュニケーションのあり方 (それは、バーンスティンの言葉でいえば、「限定コード」に基づくコミュニケーションということになる) とまったく異なるものである。

農耕社会でも精密コードに当たるものを駆使できる人々はいたが、それは支配層の限られた者たちだった。その者たちが身につけた「高文化」は、一般の人々には近づきがたく神秘的なものだったが、当時はそのことがその者たちの権威の支えとなってもいた。産業社会になると、高文化のこうした奥義性に由来する権威は失われていくが、しかしそこに含まれた上記の性質ゆえ、高文化

は多くの者が獲得すべきものとして現れるようになる。その獲得を保障する機関として期待されたのが，前述の集中化方式に基づく教育制度なのである。

そうした教育制度には巨大なコストがかかるのであり，これを運営できるのは国家だけである。ゲルナーは，産業社会において国家と教育制度との結びつきが必然化する事情をこのように指摘している。前述のように農耕社会の国家は，人々を文化的に統合する関心は薄かった。それとは対照的に産業社会の国家は，述べてきたように，コンテクストを超えたコミュニケーションを可能にするための共通の文化を，教育制度を通じて人々に獲得させようとする。ゲルナーは，国家が教育制度に関与し正統的な教育を独占することは，いまや暴力を独占することにもまして政治的支配にとって重要なこととなると主張している。

このように産業社会は，「人間集団を大きな，集権的に教育され，文化的に同質な単位に組織化」（ゲルナー 2000, 59頁）することを必要とする社会である。ゲルナーは，産業社会にとってのそうした人々の間の同質性に対する客観的必要性こそが，この社会において「ナショナリズム」のかたちをとって表面に表れてくるのだという。ゲルナーは，ナショナリズムを「政治的な単位とナショナルな単位とが一致しなければならないと主張する一つの政治的原理」（同上1頁）として定義するのだが，それによれば，同一の国家による支配の下におかれる人々の集合体の単位（＝政治的な単位）を，その国家が関与してなされる教育制度を通じて文化的同質性を付与された集合体である「ネイション」という単位によって構成されるものにしようとする政治上の原理，これがナショナリズムである，ということになるだろう。

ゲルナーに見る，国民国家の発生と〈教育〉・近代学校の発生との関係

さて3の課題は，ゲルナーの所説に依拠して，国民国家・ナショナリズムの生成と教育・学校との関係の原理的な把握を試みることであった。以下，その点についてまとめていきたい。

ゲルナーは，産業社会において，ネイションという単位を基盤にした国家の編成を主張するナショナリズムが唱えられ，実際にそうした国家が誕生する経

緯を論じていた。その国家とは，いうまでもなく国民国家である。ゲルナーによれば，ネイションとは，教育制度によって付与された文化的同質性を媒体に成立する集合体である。したがって，ネイションも，またそれを基盤とした国民国家も，いずれも教育制度によってはじめて成立するということになる。

その場合の教育とは，生徒に実生活のコンテクストにおいて実地で何かを学ばせるのではなく，かれらを，そのコンテクストとは切り離された，教え学ぶ営み専用の空間に集め，教えることを専門にした者によって，そのコンテクストに適応していくのではなくより広いコンテクストのなかで他者とコミュニケートしながら生きていけるように，そのために必要な読み書きをはじめとする知識・技能を身につけさせる，そのようなものであった。そうであってはじめてその教育は，細かく仕切られた従前の生活上のコンテクストに縛られているのではない，より広いレベルで文化的な同質性を有するネイションという集合体をつくり上げることができるのである。

そうした教育のあり方は，第3章で〈教育〉としたものと重なると考えていいだろう。そこで〈教育〉と呼んだものもまた，近代において誕生し，生徒を，その出自に拘束された生活上のコンテクストのなかで自らを社会化するのにまかせておくのではなく，特殊な時空間を設定して教えることを専門とした教師によって，出自に拘束されないという意味で不確定な人生を歩む者として必要なことがらを教えようとするものであった。また，そうした〈教育〉を施す教育制度は，同じく第3章で「近代学校」としたものによって構成される制度であるといっていいだろう。近代学校とは，まさに〈教育〉の場として誕生した特異な学校であるからだ。

このようにゲルナーの所説に従って考えると，国民国家の支配下におかれる空間的領域が，文化的同質性というその必須の性格を備えるうえで，〈教育〉と近代学校とがいかに重要であったかがわかる。また，広い範囲に居住する多数の子ども・若者を対象にして近代学校を運営し〈教育〉を施すといった事業を担いうるのが唯一国民国家であるという点で，〈教育〉・近代学校は国民国家なくしては成立しえなかったということになる。もちろん国民国家の側は，そ

の事業に関与することによって支配の正統性を確たるものにしてきたということもある。以上のことから，ゲルナー説によれば，国民国家およびその文化的に同質的な編成を主張するナショナリズムと〈教育〉・近代学校とは，それらの発生の時点から，相互に自らの存立のうえで他方を必要とするというかたちで深く結びついたものである点が浮かび上がってくるのである。

4 教育・学校による国民化──その具体的諸相

3では，国民国家・ナショナリズムが生成してくる経緯について，ゲルナーの説に依拠して見てきた。また，国民国家・ナショナリズムの生成と〈教育〉・近代学校のそれとが，原理的なところで密接不可分な関連を示していることも見てきた。4では，両者のこの原理的な関連性がより具体的にどのように表れてきたのかを見ていきたい。

先に見たようにゲルナーによれば，産業社会は，その成員がある水準の文化的同質性を有することをその存立のための必須要件としており，そこでかれらが読み書き，計算能力，基礎的な労働習慣・社会的な技能など，一定の共通の資質を獲得できるように教育制度をつくり上げた，ということになる。つまり，産業社会の教育制度は，この社会の成員がまさにこの社会を担う成員たるべく，かれらの間に一定の文化的同質性をつくり出すことを期待されているのである。そのことは同時に，産業社会段階の国家である国民国家がその存立のため，教育制度を通じて成員を「国民」として同質化していく（＝「国民化」）ことをも意味している。以下，産業社会＝国民国家の下での教育制度のこれら両側面のうちとくに後者について，本章冒頭で紹介した裁判事例と関連の深いトピックを2つ取り上げて見ていきたい。とりわけ日本の場合を念頭におくことにする。

ナショナル・カリキュラム

日本ではかなり早く，すでに1872年の「学制」（初の教育法令）とともに，「ナショナル・カリキュラム」（国家がその管轄する公教育のカリキュラムが準拠すべきものとして定めた基準，あるいはそうした基準に基づいて作成されたカリキュラム）が

教育制度に導入された。教科書も，1880年代からそれに対する国家の統制が始まり，1886年に検定がなされるようになり，1903年には国定化された。戦前期日本の教育行政は，教育行政官僚が実質的に定めた勅令に基づいて推し進められ（「勅令主義」），カリキュラムに対しても直接的かつ強力な国家統制を加え，国家が規定するカリキュラムの枠内からの逸脱を許さなかった。戦後初期にはそうした戦前期の統制への反省から，カリキュラムの基準として設けられた「学習指導要領」（カリキュラムをどのように領域分けするか，その領域のうち教科についてはさらにどのようなものを設定するか，そうした各領域・各教科で教えられるべき内容の基本はどのようなものか，授業時間数の基準はどうなるか，といったことを示した文書。個々の学校のカリキュラムの基準として，中央政府の教育行政が定めているもの）も，あくまでも「試案」であって，各学校がカリキュラムを編成する際の参考にしてほしいだけのものである旨が明示されていた。しかしやがて学習指導要領は，1955年改訂時からは試案の文字が消え，1958年改訂版からは文部省の告示という形式をとるようになった。つまり少なくとも教育行政の側は，学習指導要領は学校と教師にとって法的拘束力のある基準であると位置づけるようになったのである。

なお，1989年改訂の学習指導要領から「入学式や卒業式などにおいては，その意義をふまえ，国旗を掲揚するとともに，国歌を斉唱するよう指導するものとする」と，「国旗」掲揚・「国歌」斉唱の指導を原則とする規定が盛り込まれるようになった（類似する規定はそれ以前の学習指導要領にも見られる）。冒頭の事例における東京都教育委員会の通達やそれへの違反に対する処分も，こうした学習指導要領の規定が存在していることを背景にしている。

ナショナル・カリキュラムは，国民の間に文化的同質性をつくり出す際の有力な媒体となりうる。まず，学校で同じ内容を学ぶ経験を共有していること自体が大きな意味をもっているといえるだろう。つまりナショナル・カリキュラムは，その存在それ自体で国民化を促すべとなりうるのである。

だが同時に，しばしばそこに盛り込まれている内容も，国民化をいっそう強化する役割を果たすようなものとなっている。上記の「国旗」掲揚・「国歌」

斉唱の指導の規定も，その点をねらったものであるだろう（次項参照）。それ以外にもたとえば，社会学者のましこひでのりは，1990 年代のある中学校社会科教科書の記述を分析し，日本列島の一部地域のみを掌握していたにすぎない大和朝廷において，あたかも国民国家成立後の日本と同一の〈国益〉〈国境〉などの観念が存在していたかのような書き方となっていることを指摘している（ましこ 2003, 184-185 頁）。それは，生徒に「日本」が歴史的に連続していたかのように思い込ませ，かれらの国民化をより強める内容であるといえるだろう。

国旗・国歌

　国旗・国歌とは，国家を象徴する旗・歌であり，一般に国民国家成立時に成立するものである。日本では 1999 年に制定された「国旗及び国歌に関する法律」によってはじめて，国旗は「日章旗」（「日の丸」），国歌とは「君が代」と法定されたが，それよりずっと以前やはり国民国家が確立する時期に紆余曲折を経て，日の丸を国旗，君が代を国歌とする慣行が確定していった[5]。

　日の丸・君が代の学校教育の場への登場は，教科書への関係記述の掲載に関しては，教科書検定が行われるようになった 1886 年ごろには頻繁なものとなった。また，1880 年代中ごろから祝祭日における学校儀式が始められ，1891 年に「小学校祝日大祭日儀式規定」が制定されその定型が定められるが，学校での君が代斉唱もそのころから普及するようになった。とくに 1900 年の「小学校令施行規則」第 28 条では，この儀式の冒頭で君が代を斉唱することが規定された。日の丸の場合も，1880 年代ごろからやはりそうした学校儀式や，あるいは運動会の日などに校門や玄関に掲げられるようになった。しかし，儀式の一場面として日の丸掲揚が行われるようになるのは，より時代が下って 1930 年代になってからである。たとえば 1937 年には「国民精神総動員に際し体育運動の実施に関する件」との通達が出され，体育運動競技会の開閉会式で「国旗掲揚」「国歌斉唱」を「励行」し「国民意識を昂揚振作」すべきことが求められている。

　日本の公教育においてはとくに 1890 年代後半ごろから，儀式や行事のもつ

意味の重要性に着目がされるようになり，そのやり方が念入りに考案されるようになった(佐藤 1987)。そうしたなかで君が代や日の丸もその道具立ての1つとして重要視されるようになったのである。

　儀式というものの重要性を考えるうえで，先にも引いたアルチュセールのイデオロギー論が参考になる。アルチュセールは，「イデオロギーは物質的な存在をもつ」(アルチュセール 1993, 71頁)という。それは，イデオロギーは「観念」というかたちをとって存在するという以上に，まずなによりも人々の日々の実際の行為のなかに埋め込まれたかたちで存在しているということを意味する。アルチュセールはまた，人は，さまざまな行為を行いながら社会生活を営む際に他の人々との間にさまざまな社会関係を取り結ぶが，その諸関係に対して自分はこういうスタンスで関与しているというある表象を抱くものであり，イデオロギーとはその表象のことなのだ，ともいう(「イデオロギーは諸個人が彼らの存在の現実的諸条件に対してもつ想像的な関係の表象である」(同上, 66頁))。それは言いかえれば，その諸関係に対していかなる「主体」として関与しているかについての表象である。人々はそうした表象を，ある観念を教え込まれることによってではなく，あるイデオロギー装置(2の「国民国家とは何か」を参照)のもとで一定の定型化された行為を，つまり「儀式」を反復することを通じて，繰り返し確認し内面に定着させていく。アルチュセールはこの点をうまく示した言葉として，パスカルの「ひざまずき，祈りの言葉を口ずさみなさい。さすればあなたは神を信じよう」を引用している(同上, 77頁)。

5　グローバル化時代における国民国家・ナショナリズムと教育・学校

　私たちが通常「国家」という言葉から思い浮かべるものは，国民国家というその特殊形態であるといっていいだろう。18世紀西欧にはじめて国民国家が登場して以来，多くの国家が国民国家たることをめざし，実際に国民国家としての内実を備えた国家が多数登場した。国民国家という国家形態が，内外に対するその暴力性の強大さの点でも，支配領域内での富の生産と国家によるその

徴収を促進する点でも，その富を担保に支配領域下の住民の少なくとも一定部分に利益を供与し，またかれらをその担い手として参画させることで安定的な支配を達成できる点でも優越しているため，いまだ国民国家となっていない諸国家が，先発の国家を模倣し自らも国民国家たろうとしてきたからである。こうして世界各地に普及した国民国家とそのシステムがこれまで強力であり，それによって国家なるものについての私たちのイメージが規定されてきたのである。

しかし今日，「グローバル化」の趨勢のなか，これまで堅固に思われてきた国民国家が揺らぎ始めていることがしばしば指摘されている。だがその一方で，2で述べたように本質的に多義的なナショナリズムが，まさに多様なかたちをとりながら世界のさまざまな場で噴出している。西川 (2003) はその諸類型を次のように列挙している。すなわち，① グローバル化先発諸国においては，グローバル化を推進する国家が押し出すナショナリズム，それと対抗する諸勢力による福祉国家の維持・回復を求めるナショナリズム，自国内の移民排斥や人種差別主義のかたちをとるナショナリズム，移民のナショナリズム，先住民のナショナリズム，② グローバル化後発諸国においては，開発独裁国家などにおけるグローバル化を受け入れる一方で強化されるナショナリズム，グローバル化に抗して自国の自立を追求するナショナリズム，西欧的な価値に対抗しようとする原理主義的ナショナリズム，グローバル化の波に乗るエリート移民及び貧しい移民双方のナショナリズム，少数民族・先住民のナショナリズム，③ 旧社会主義国においては，その崩壊後に生じた民族紛争当事者たちのナショナリズム，である。

日本の場合 1990 年代後半以降，小林よしのりの『戦争論』がベストセラーとなる (1998 年)，中国をはじめとしたアジア諸国への蔑視発言を繰り返すナショナリスト石原慎太郎が都知事に就任し (1999 年) 圧倒的人気で再選される (2003 年)，従軍「慰安婦」を強制連行して集めた証拠はないとしてきた同じくナショナリストの安倍晋三が人々の間で高い人気を博して首相に就任し (2006 年)，いったん辞任後民主党政権の時期などを経て再度首相の座に返り咲く (2012 年)

といったかたちで，グローバル化時代の新たなナショナリズムの噴出がみられる。それらは上記の西川の分類によれば，①のなかの「グローバル化を推進する国家が押し出すナショナリズム」およびその周辺に相当する現象と考えてよいだろう。それらはまた，第1次安倍内閣のもとで「我が国と郷土を愛する」態度を養うことを教育目標の1つに掲げる教育基本法「改正」が成立したり（2006年），あるいは1で触れたように石原都政下の都教育委員会によって学校教育現場に対する「国旗」「国歌」をめぐる厳しい指示がなされたりと，教育・学校の領域とも密接に関連したことがらである。なお，こうした時代状況の中，1で取り上げた訴訟も，その後高等裁判所で，原判決を破棄し原告の主張を全面的に否定する控訴審判決が出され（2011年），最高裁判所でも上告した原告の訴えを棄却する判決が下された（2012年。ただし，同判決への反対意見を表明する裁判官，東京都教育委員会に自制を求める補足意見を表明する裁判官もいた）。

　本章は，一部の箇所を除いて主には国民国家・ナショナリズムの生成時のことを取り上げつつ，「国民国家・ナショナリズムと教育・学校」問題の原理的側面に焦点を当てて論じてきた。本章ではもうそのスペースの余裕がないが，そうした原理的な議論をふまえながら，「国民国家・ナショナリズムと教育・学校」問題の，グローバル化時代である今日的な特質を把握し今後の帰趨を考えていくことが，次の課題となるだろう。　　　　　　　　　　【長谷川　裕】

注
（1）　以下の①〜⑦は主に，哲学者である萱野稔人の著書（萱野 2005），1990年代の日本の社会・人文諸科学において「国民国家論」と呼ばれる理論潮流を先導した西川長夫のいくつかの論考（西川 1995, 1998, 1999, 2003），および英国の社会学者A. ギデンズの国家論（ギデンズ 1999）を参照した。
（2）　ドイツの社会学者M. ウェーバーの言葉。ウェーバーは，ある者が何らかの命令を下した時他の者から服従が得られるという関係を「支配」と呼び，そうした支配によってその秩序が維持されている集団を「支配団体」と呼び，その支配による秩序維持が暴力行使とそれによる威嚇によって担保されている支配団体を「政治団体」と呼んでいる（ウェーバー 1972, 86-88頁）。
（3）　西川は，人々の暮らしの舞台である国境に囲まれた領土が均質化・平準化された空間へと化していく「空間の国民化」，人々の労働・生活のリズムが暦に合わせた新

しいものに変化していく「時間の国民化」、服装・挨拶の仕方・儀式などの習俗のなかに新しい国民的な伝統が形成される「習俗の国民化」、五感・起居・歩行など人間の身体・感覚のあり方が学校・工場・軍隊等近代諸制度のもとでの生活に適応可能なものに変化していく「身体の国民化」、人々が国語を使用し愛国心を抱くようになる「言語と思考の国民化」、をあげている（西川 1995, 1998, 2003）。

（4） 別のより新しい社会学事典（大澤他 2012）の「ナショナリズム」の項目でも、ナショナリズムを「自らが所属するネーションを尊重する意識と行為の一般である」と定義したうえで、ネイションの定義の困難を強調している。

（5） その経緯とその意味についての解釈は、日本教育史研究者である佐藤秀夫編集の資料集（佐藤 1995）に詳しい。以下の叙述も、この資料集を参照した。

引用文献

アルチュセール，L.（1993）「イデオロギーと国家のイデオロギー装置」L. アルチュセール他『アルチュセールの〈イデオロギー〉論』三交社（原著 1970）

ウェーバー，M.（1972）『社会学の根本概念』岩波文庫（原著 1922）

大澤真幸他編（2012）『現代社会学事典』弘文堂

ギデンズ，A.（1999）『国民国家と暴力』而立書房（原著 1985）

木畑洋一（1994）「世界史の構造と国民国家」歴史学研究会編『国民国家を問う』青木書店

ゲルナー，E.（2000）『民族とナショナリズム』岩波書店（原著 1983）

佐藤秀夫（1987）『学校ことはじめ事典』小学館

佐藤秀夫編（1995）『日本の教育課題 1 「日の丸」「君が代」と学校』東京法令

萱野稔人（2005）『国家とは何か』以文社

西川長夫（1995）「日本型国民国家の形成－比較史的観点から－」西川長夫他編『幕末・明治期の国民国家形成と文化変容』新曜社

西川長夫（1998）『国民国家論の射程』柏書房

西川長夫（1999）「帝国の形成と国民化」西川長夫他編『世紀転換期の国際秩序と国民文化の形成』柏書房

西川長夫（2003）「グローバル化時代のナショナル・アイデンティティーアイデンティティ再定義のために－」中谷猛他編『ナショナル・アイデンティティ論の現在－現代世界を読み解くために－』晃洋書房

バーンスティン，B.（1981）『言語社会化論』明治図書（原著 1971）

ましこひでのり（2003）『増補新版 イデオロギーとしての「日本」「国語」「日本史」の知識社会学』三元社

見田宗介他編（1988）『社会学事典』弘文堂

考えてみよう

1. ①にあげたものを含め，学校教育現場における「国旗」「国家」の取扱いの問題をめぐる最近の裁判事例を調べながら，この問題に関してどんな論点について検討する必要があるか考えてみよう。
2. ⑤の最後にあげた論点について，つまり国民国家・ナショナリズムと教育・学校との関係は今後どうなっていくかについて考えてみよう。
3. 今の日本の子ども・若者は，日本という国家に対してどのような考え・感情を抱いているといえるか。その実情，問題性や可能性について考えてみよう。

参考文献 (further readings)

E. ゲルナー『民族とナショナリズム』加藤節監訳，岩波書店，2000年（原著 1983年）
　ゲルナー（1925-95）のこの著書は，本文でも見たように，「ネイション」および「ナショナリズム」の発生経緯における教育制度のもつ非常に大きな意味について論じている。その議論は，必ずしも厳密な歴史的な実証的手続きによるものではないが，ネイション・ナショナリズムと教育とのかかわりについて考えるうえでヒントになるような視点を提供してくれている。

大澤真幸編『ナショナリズム論の名著50』平凡社，2002年
　本書は，そのタイトル通り，「ナショナリズム」にかかわる国内外の重要な著書50篇について，それぞれ十数頁ほどの比較的詳細な解説を集めた本である。ナショナリズムをめぐってこれまでどのような議論がなされてきたのか，その概要を知るうえで有益である。

後藤道夫・山科三郎編『講座戦争と現代4 ナショナリズムと戦争』大月書店，2004年
　「戦争と現代」をテーマにした全5巻の講座本の第4巻。編者のひとり後藤による本書の冒頭の「総論」は，「帝国主義」をキーワードにして，「国民国家」「ナショナリズム」「戦争」の関連について，示唆的な見取り図が描かれている。それ以外の章では，現代アメリカのナショナリズムについて，また戦前期および現代の日本のナショナリズムについて，戦争の問題と絡めながら論じられている。

第10章 教育改革時代の学校と教師の社会学

1 「教育改革」時代の到来

　「教育改革（Education Reform）」は，今日では世界の多くの国々での教育政策の流行となっている。そのほとんどは，学校制度についてと，その主要な担い手である教師たちに関する「制度の改革」である。どうしてこれほどいっせいに「教育改革」への流れが生じたのかを考えると，それを多くの場合主導している「新自由主義」という思潮，その潮流が求める国家の公共部門と，そこで働く専門家の位置づけをめぐっての一連の組み換えの方向という特徴が1つには見えてくる（ウィッティー 2004）。

　たまたまある潮流の「教育改革」動向がかなりの国で大きな力をもつとすれば，それはそのイデオロギー運動の強力さに帰される面と同時に，19世紀に誕生して今日まで続いてきた「近代学校とその担い手教師たち」という100年以上「当たり前」のように存在してきた制度の仕組みが，その「正統性」に広く疑問が生じ，なんらかの面についての「つくり換え」が真剣に求められている，という背景もあるにちがいない。そして現代の支配的「改革」潮流は，そのように客観的に求められている「つくり換え」にどこかで呼応する性質をもっているからこそ，大きな力を発揮しているという面があるだろう。そう考えると，いま教育政策として進められている「改革」動向に賛成・反対にかかわらず，現代は時代そのものが〈教育改革の時代〉であるといわねばならない。

　だとすると，本章の課題としては

　①　学校・教員制度がどういう意味で「正統性」を失ってきているのか，どの点の「つくり換え」が求められているのか，がまず問われる。

② 続いて，現代「教育改革」の支配的動向が，どういう点でそのような問題・課題に応える質をもっているのか，それが唯一の道なのか，それともむしろ別の道が求められるような，弱点の多いものなのか，の検討が行われる。

③ そして，問題・課題に応える「改革」の方向性をめぐって，どのようなせめぎ合いのうちに「教育改革時代」が展開しようとしているのか，その若干の見通しを，まとめとして考察したい。

2　学校・教師の「正統性」低下，信頼回復への期待と課題

　近代学校制度は，第1章でその諸側面について述べてきたように，19世紀に人類史に登場して，20世紀には地球上に広く普及した。それが，今日学校制度とその主要な担い手・教師への社会的信頼が低下して，なんらかの「つくり換え」が求められているとすれば，それはどのような時代的な背景と要因があるのだろうか？　その点を（第2〜9章と重なる面があるが）まず考えてみよう。

家族・社会の生活の質変化，そこで育つ子どもたち，そして学校・教師

　日本についていえば，農村共同体の生活や心性と適合するかたちで形成・展開し，定着してきた日本の学校制度は，1960年前後からの高度経済成長とそれを通じた家族や地域社会の生活と心性の変化，そこで育つ子どもたちの変化に直面してきた。その変化と学校との関係には両面性があった。片方では，人々の子育て・生活・労働における学校進学の重要性が強まり，受験競争指向が国民諸階層へ広がった。そのことは，子育てと子育ちにおける関心をより学校制度体系へと集中させた。それとは逆の面では，そこで起こった核家族化，地域共同性の後退にともなう子育て家族の孤立化，家族の「人格指向」化[1]があり，そういう傾向のなかで育った子どもたちは，これまで「当たり前」だった学校生活秩序が自分の体や心性に合わずに，そこから離脱しようという潜在的欲求も強まっていく。この両面は，前者の受験競争が子どもたちのストレスになる点を考えれば，それが後者の「子どもたちと学校生活秩序とのミスマッチ」と

重なっていっそうのストレスとなり，1970年代後半から80年代の「教育荒廃（落ちこぼれ・不登校・いじめなど）」と「荒れる中学校」というかたちで表面化したとしても不思議ではない。

しかしこうした諸傾向は，次項で指摘する当時の学校体系と日本企業社会との適合的関係や，学校・教師側の「管理強化」と「教科外の部活動の活発化」などの工夫によって，とりあえず切迫した学校制度全面見直しまでにはいたらなかった。しかし「大量落ちこぼれ」「不登校増加傾向」「いじめ・いじめられ関係の広がりといじめ自殺事件」などは，結局その時代から緩和・解決できないまま今日まで引き継ぐ学校問題になった。そういう否定的な学校体験の積み重ねは，1970年代半ばから生徒・父母・国民の間に「学校と教師への不信・不満」を確実に蓄積させたという面も指摘できるだろう。

日本の企業社会と学校体系との適合・連接時代と，その終焉

1970年代半ば以降，それはまさに学校と子どもの諸問題が社会問題になる「教育荒廃」時代だった。そしてほかの先進諸国ではすでに「教育改革時代」に突入していたのにもかかわらず，日本では90年代初頭まで本格的にそうならなかったのは理由のあることだろう。実は70年代半ば以降，ほかの諸国が2度の石油ショック後の不況にあえぐ時代に，日本経済だけは好調な成長を続け，ほとんど「独り勝ち」というような状態で「世界の経済大国」の1つにのし上がった。80年代には「ジャパン・アズ・ナンバーワン」ともてはやされ，その一環として「学力大国・日本」の学校制度が，そのような経済発展の原動力として国際的にも高く評価された時期だった。

この「教育荒廃時代」と「学力大国評価」との共存とはどういう時代だったのか。『教育拡大の社会学』を編集して教育システム発展段階論を展開したM.アーチャーが「第三局面（Phase Ⅲ）」と名づけた拡大飽和期（Archer 1982）は，「中等教育の飽和状態への到達」が指標になるので，日本で高校進学率が90％を越えた1974年の前後，70年代半ばからということになる。彼女によれば「第三局面」になると諸階層への教育機会の開放は，より高度な教育資格獲得競争

を激化させ，階層間の格差があらためて顕在化する。それとともに，「教育インフレーション（進学率の拡大・飽和による学歴の価値低下）」が起こって，多くの者には「当たり前化した」進学が，その後の進路や経済的地位での利点を必ずしももたらさなくなる。にもかかわらず，進学しないともっと脱落するというメカニズムがはたらくので，いっそう進学に縛りつけられる。同時に，進学の経済的効果が明確だったかつての時期には「積極的」だった生徒の学習意欲・姿勢は，「ネガティブ」な方向へと変化する。だからまた，学校制度組織側・教育提供側においてもさまざまの再編・工夫が課題として迫ってくることになる。

だとすると，1970年代半ば～90年代初頭の日本はかなり特殊な時代，つまり中等教育飽和期が来て「教育荒廃時代」にあったけれども，日本経済の例外的好調・拡大のなかに，進学・学歴の「経済的意義」は有効性を保ち続け，生徒たちの「学習姿勢・意欲」の積極面とネガティブ面とがせめぎ合いながらひとつのバランスのなかにあった時代だと考えることができる。

日本のバブル経済の崩壊と，企業社会組み換えが本格化する1990年代半ばになって，上のバランスが一気に崩れて，「小学校での学級崩壊」，「中学・高校生の学校知識離れ」が急激に浮上することになる。こうして，日本に本格的な「教育改革の時代」が訪れたのである。

学校制度・教師存在の「正統性」の低下と，その回復課題

1970年代半ばから生徒・父母・国民の間に「学校と教師への不信・不満」が確実に蓄積されただろうという点は先に述べた。この傾向は90年代半ば以降になっても変わっていない。また日本にかぎらず多くの国々の「教育改革時代」には，およそどこでも「学校・教師への不信」が社会的基底としてある。だから各国で日本とは異なる時代的展開はあったとしても，そこには共通の要因を考えなくてはならない。その意味では「（1）：家族性格の歴史的変化」と「（2）：アーチャーの第三局面」とが重なると，「近代学校制度とその主要な担い手・教師」がそれまで保持していた「当たり前」性のレベルがどこでも「低

下」に直面するということだろう。子どもたちからいえば,「なぜこの学校に無理やり通わされなければならないのか？」,「なぜ，この大人を〈教師〉と認めて，その指示にしたがって学習しなければならないのか？」という，学校と教師の〈正統性〉に疑いが生じる時代が来ているのである。

しかし学校教育事業を続けるには，一定レベルの社会的信頼と〈正統性〉がなければ，学校は社会機関として役割を果たせないし，教師もまたその担い手としてまともに仕事を進めることができない。だからこそ「教育改革時代」は,「学校と教師」への信頼の回復がどこでも期待され，課題となるのである。

3 学校制度「改革」の焦点

「学校改革」の現代的トレンド

世界的なトレンドになっている学校「改革」において，批判の対象になっているのは，これまでの国家による教育サービスの一律供給方式であり，その一律性を公平に確保するための供給体制全般に対する官僚統制方式である。これが19世紀以来教育サービス供給の「1つの最善の方式 (the one best system)」と考えられて普及してきたわけだが,「新しい個別・多様な要求に応えられない」,「画一的統制がそれぞれの創意・工夫への障害になっている」,「この仕組みを維持する予算が肥大化し，予算に見合う成果をあげていない」といった批判が力をもつようになった。これにまた「官僚機構の不祥事」が重なって，こうした官僚機構を通した一律供給体制の「最善」性への信頼が，大きく低下したのは世界的には1980年代以降である。

それに替わって登場した方向は，およそ以下に列記するような内容である。

① 国家の一律統制を緩める「規制緩和」
② 地域や学校現場に権限を委譲する「分権 (権限委譲)」
③ 個々の学校が1つの経営体として自律的に運営される「自立経営」
④ 自立的な経営体としての学校への，利害当事者 (stake holders：校長・教職員だけでなく，生徒・父母・住民・その他関係者) の経営参加
⑤ 各学校が経営体として画一でない多様なサービス内容・供給方式を工夫

して「(顧客の) ニーズへの応答性」を高め「多様性」を生みだす
　⑥ 学校が，それが負った任務やそれにかける予算にふさわしい成果をあげる責任を果たしているかどうかを問う「アカウンタビリティ」の強調
　⑦ そういう学校の効果的働きの程度を外部からチェックする「学校評価」と，その結果を反映した学校交付金傾斜配分
　⑧ そういう義務教育公立学校を選ぶ「父母の学校選択制」の導入
などである[2]。列記した8要素がどこでもすべて組み合わされているとはかぎらないが，現代「学校改革」がいずれにせよ，上に示したような一連の指向性のなんらかの組み合わせをもっていることは間違いない。

　それが各国で強力に展開しているのは，これまで不信をかってきた学校制度特有の仕組みの批判されるべき弱点に，それぞれ対策となる新たな仕組みを打ち出すことで，一定の支持を集めているからである。とくにこれまで「内部に閉じられた学校」を，「より開かれた性格」のものにしていく指向は，明らかに大きな時代的・民主主義的前進である。

　もっとも導入されるこの仕組みによって，新たなる「最善」性が確保されるという保証はない。むしろ学校間格差・階級間格差が拡大して「社会的公正」が失われ，また教育の「公共性」が奪われているという指摘や批判もある[3]。だからそれを通して，信頼が学校制度全般について回復しているとは思えない。むしろ，「一見信頼できそうな学校」と「一見信頼できそうにない学校」とをなんらかの指標で区別し，その格差の人為的創出・拡大と，父母の選択とを組み合わせることで，そういう仕組みのなかに，社会の中間層以上の不信・不満のはけ口を吸収しているともいえるだろう。

「学校改革」の日本的特性

　上記①〜⑧のような一連の性格をもった「学校改革」は，日本でも1990年代半ば以降に本格的に展開している。そこにはいくつかの日本的特徴がある。
(i) **日本の学校関係構図がもたらす「3つの〈ない〉」**：1970年代半ば以降の教育不信・不満が重なっている点は共通なわけだが，日本の場合その批判の矢面

にはおよそ「学校」と「教師」とが立っている。実はそのバックにいて規定力をもっている「教育官僚機構（文部科学省や教育委員会）」が，そういう批判の「被告席」に座ることは稀にしかない。官僚機構の不祥事も多いのだが，それでも関係構図は変わらない。この構図の根強さには，日本の学校の歴史的・文化的要因が関与しているだろう。近代学校制度が日本の民衆生活に「当たり前」として定着するには，村落共同体的な心性を制度内部に組み込んだという工夫・過程があった。そこには，学校・教師と子ども・父母・地域との間に独特の関係距離感と感情共同体的性格とを形成することで，信頼を確保してきたという面がある（勝田・中内 1964，中内 1995）。学校をとりまくそういう質の信頼関係形成が，いったん不信へと反転した場合に，そこに「批判集中＝矢面化」構図が生みだされていると考える。

その構図のなかから，「官僚統制批判がない」，「学校の自律がない」，「利害当事者の学校経営参加権がない」という3つの「ない」が日本の「学校改革」の第1の特徴として生じている。「教育への官僚統制」が批判対象になっていない，とりわけ中央からの統制が批判対象になっていない（最近は，地方教育委員会の「いじめ自殺」問題対応などがやり玉にあがる場合はあるが，あくまで「地方」官僚機構にとどまっている）ので，①「規制緩和」と②「分権・権限委譲」は，中央官僚機構に都合のよい要素（予算削減や責任回避，あるいは「改革特区」の部分的認可）に限られる傾向にある。だから学校が，③「自立」できるような学校現場への「権限委譲」もほとんどない。また，官僚統制に替わるべき④「利害当事者の学校経営参加」も「学校協議員制度」のような，参加する側に自主的な権利のない中途半端なもの（官僚機構の裁量のかぎりで許容・依嘱されるかたち）になっている。

(ii) 経営合理化よりも繁文縟礼（はんぶんじょくれい）：学校については日本でも，④「経営体」としての合理化と目標・成果達成という面が強調されている。しかしそれは自立しないまま，たくさんの規制のもとで強いられている。たとえば，⑥「アカウンタビリティ」は本来「社会機関がその存在にふさわしい責任を果たしているかどうか」を問うものだが，日本では「説明責任」と翻訳され，もっぱら「説明

を求められたり責任追及されたときに，困らないような説明用資料をあらかじめ完備しておく」という要請に堕している。⑦「**学校評価**」は，2007年改訂学校教育法にも書き込まれ，学校の自己評価と外部評価が近年の流行になっているが，⑥・⑦ともに学校現場に，教育の仕事の向上につながる保証の少ない膨大な文書の作成・報告を強いる結果になっている。合理化どころか，その正反対の「繁文縟礼（規則などが細々として，たくさんの文書の作成・交換が必要になること）」という非合理を現場の仕事として押しつけるように作用している。

(ⅲ) **地域的不均等のなかに，「画一化進行」と「自治的展開」との両面の可能性**：戦後改革以来，日本の公立学校制度の本来の建前は地方自治制度に立っている。義務教育の公立小・中学校は市区町村立であり，その教師は都道府県が雇用者である。また公立の高等学校も（わずかな市町村立を除けば）都道府県立である。そこに一連の「改革」指向として①「**規制緩和**」と②「**分権**」とが叫ばれているので，部分的ながらも各都道府県や各市区町村の自己裁量の余地も広がっている。たとえば国は「学級定員40人上限」の改善責任を手放して，都道府県が独自に「学級編成基準」を決められるようになった。すでに40を越える道府県で（学年は限られているが）35人・30人上限の基準がつくられている。また⑧「**父母の学校選択制**」は，財界からは繰り返し強調され，東京では広がっているが全国的には「通学区域の弾力的運用」が多く，全般的な選択制はまだ地域的には限定されている。あるいは1つの県で「土佐の教育改革」という名の④「**利害当事者の参加**」の面を強く進める「改革」も行われてきた（浦野 2003）。

しかしこうした「分権」の進行が，⑤「**ニーズ応答性・多様性**」をどれだけ強めているかには，別の面もある。というのは父母・国民の「学力向上」ニーズは一般に強く，また「多様性」といっても学校の「良・否」判断と序列化は「学力達成程度」がもっとも支配的な尺度になる。そのため，父母のニーズに応え父母に信頼される学校をめざすと，その方向は「多様性」よりもむしろ「学力向上」へと画一化する傾向が強くなる。学校としての学力達成は，⑥「**アカウンタビリティ**」にも応えやすいし，⑧「**父母の学校選択**」では「選ばれる学

校」になる。だから，①〜⑧の一連の指向には「画一化」可能性が元来強く伏在する。この面は，2000年代になって流行する「学力テスト」とセットになって，画一的規準による学校間比較・競争関係や地域間比較・競争関係へと強く誘っている。

このような「画一化進行」と「地方自治的展開」との両面の存在は，今日の日本の学校改革をある面では複雑にし，そこにさまざまの可能性や多様性をはらむ局面にもしている。

4 教員制度・教師教育「改革」の展開

「教育改革」時代の焦点にいる「教師」という存在

今次「教育改革」では，どこでも「教員制度と教師教育」改革が共通に課題となっている。そうなっているのは「改革」にとっての「教師の位置の焦点性」という点があると考える。

①「不信」の対象であり，「改革」の主要ターゲットとなる教師たち　教師たちは，今日の学校教育に対する世の中の「不信感」の焦点の位置におかれている。実際，日本の近年の教育改革政策文書はいずれも「親・国民の学校・教師に対する不信の高まり」を基本的な「改革」事由にあげている。「父母・国民の学校教育への不信・不満」の矢面には教師・学校が立たされてきた点は前節で述べた。

「不信・非難の焦点にいる教師たち」というこの位置関係は，1つには教育政策として今次「改革」路線の導入を正当化しかつそれへの追風になっているだろう。もう1つ，教師たちがその「改革」の主要なターゲットにもなっている点がある。たとえば日本の教育改革は，「信頼される学校づくり」とならんで，「信頼される教師」のための「不適格教員の排除」，「優秀教員への表彰・優遇」，「教員人事考課」，「教員養成制度改革」，「現職教員研修の強化」，「教員免許10年更新制」，「教員育成指標の策定」などを打ち出し，また次々と法律化・制度化してきた。それらは，教員養成のあり方から，現職教師の研修，キャリア的展望，そして日常の仕事に対する評価・管理の方式と報酬体系などにまで及ん

でいる。このように「教員制度と教師教育」が「改革」の主題となり，教師がそのターゲットになっている点は日本だけではない今次「改革」の特徴である。戦後日本の場合，公立諸学校の教職身分は，戦前に比べても他国に比べてもかなり高い安定性を保ってきたわけだが，そのように相対的に安定していた「教師」という職業身分は，「改革」の進行を通じていま大きく揺さぶられている（久冨 2008）。

②諸「改革」の現場での担い手であり，その〈成否〉を決する教師たち 「教育改革」は（教師をターゲットにするものにかぎらず），それがカリキュラムについてであろうと，授業のやり方や評価規準・評価方法に関するものであろうと，また学校運営（校長権限の強化，学校管理層の拡大，職員会議の役割低下，生徒・父母や地域の学校への参加，などなど）に関してであっても，さらに入学・卒業制度や学校体系の改革もそうだが，結局は教師たちの仕事のレベルに降りてくるという性格をもっている。つまり諸「改革」は，教師たちによる毎日の仕事のあり方に直接的に，かつ具体的に作用してくる。教師たちが「学校の仕事のもっとも主要な担い手である」という学校制度の基本が変わらないかぎり，「あらゆる教育改革を末端現場で現実化する担い手である」という位置も変わらない。

だから「改革が降りてくる」というのは，教師たちの受身的な位置だけを表現するのではなく，「課題に現場で直面しそれに対峙して行く」という能動的役割も表している。したがってまた「教育改革」に対して，「現場の教師たちの声を反映しない机上の空論」という趣旨の批判も絶えない面がある。実際日本での今次「改革」の基本的な事由には，前述の「不信の高まり」だけでなく，「大きく変化する社会」とか，子どもたちの問題行動（「いじめ，不登校，校内暴力，学級崩壊」）がよくあげられている。学校教育の場でそういう諸問題に直接向き合って仕事をしているのも，やはり教師たちである。元来教師は，自らが主体的に教育という仕事の実際に取り組み，それが子どもたちに何をもたらすのかが毎日問われている存在である（だから「不信の矢面」にも立たされる）。学校教育のこれまでのあり方を「改革」しようとする諸施策に関しても，教師たちはその「現場での担い手」，「結果の成否が試される前線」の位置にいることにな

る。いかなる「教育改革」もその成否は，突き詰めると「学校教育の仕事が，子どもたちの成長・発達のなかにどれだけ効果的に生きるのか」ということでの改善・前進があるかどうかに尽きるわけだが，その仕事の直接的で主要な担い手が教師たちである以上，それはこの人たちの仕事がより効果的にそこに生きるのかどうかということに重なっている。

　こうして①と②とは，「教育改革の時代」における，教師の位置の受動性と能動性との，一見背反するとも思える2つの重なりを示している。

「教師の教育力量向上」言説は，教師たちの二重の位置をつなぐ

　①「教師の力量向上」の「改革」キーワード化　今次の「教員制度と教師教育」改革では，どの国でも「教師の教育力量の向上 (professional development of teachers)」がキーワードとして叫ばれている。もちろんこの言説・スローガンには，「父母・地域に信頼される教師」，「効果のある教え方 (effective teaching)」，「社会変化に応じた教師の創造性 (teachers' creativity to cope with the changing society)」，「生涯にわたって学ぶ教師 (life-long learning of teachers)」，「他者を教えるだけでなく，自ら学ぶ教師 (teachers who are not only teaching others but also learning themselves)」といったような関連する言説を含むものである。

　ところで，こうした「教師の力量向上」に集約される一連の言説が，これほど広がるのには理由があると考える。

　「教師たちの専門性向上・力量向上」言説が広がるのは，まずそれがどのような立場から見てもまさに「正当」で「妥当」なものだという点に理由があるだろう。教師のあり方としても，学校のあり方としても，また教育政策のあり方としても，それはまさに望ましいことがらである。教師たちが「創造的」で「教師として，自ら学び成長する」ことによって「その専門性・力量を高め」，そうして「信頼される」ようになるとすれば，どの方向から考えても「すばらしい」ことに思える。

　②教師の2つの位置を同時に受けとめてつなぐ言説性格　それほどに「あまりにももっともな」ことが今日の「改革」時代のなかであえて強調されるの

には，より今日的な理由があると考える。それはこの言説が，一見背反するかにも思える前述の〈「改革」時代における教師の二重の位置〉を，2つながら受けとめ，かつ1つにつなぐキーコンセプトになる点である。「改革の現場での担い手」の位置は，その担い手たち自身の専門的力量を向上させることが，仕事の質とそれが生みだす成果を向上させるうえで，なによりも重要な焦点になる。元来「もっともな」ことであり，かつ諸「教育改革」の成否を決するとすれば，この言説はまず，教師たちの「現場での担い手という位置」がもつ課題性を受けとめ，それをより発展的な方向へと導くものである。

同時にまた「教育力量向上」言説は，教師をターゲットとする「教員制度改革」のほとんどに対して「正当性の根拠」を与えている。つまり，教師たち自身が今よりもより「創造的」で「挑戦的」な方向に意識を変えなくてはならない，というメッセージがそこには込められている。ただ教師にそういう意識変革を呼びかけるだけでは，意識が変わるとはかぎらない。むしろ「教師たちがその意識を変えざるをえない」，そういう制度関係のなかに教師をおくことが1つの工夫としてより効果的だろう。たとえば日本の「教育改革」における，教職身分の「安定→流動化」，教師への「管理と評価を通じた格差的処遇」の導入などはいずれも，「教師たちが自らの専門的力量向上に向けて努力する」刺激を含んだ教員制度設計だとされている。

だからすばらしく，かつもっともなこの「教師の教育力量向上」言説は，「改革」時代において教師たちがもつ一見背反するような二重の位置がかかえている課題を，2つながら受けとめてつなぐはたらきをすることで，「改革」を正当化するとともに，「改革」における教師たちの仕事や姿勢のあり方をもさし示している。

教師の力量把握とその向上はどこが難しいか

ところで言説としては強力な「教師の教育力量向上」であるが，その「教育力量」の内実とそれが向上するということの具体的な姿は，実はそれほど明確なわけではない。その点で多くの人が納得するような内実・具体性は，どの国

の教員政策でも，どの理論でもほとんど示されていないといっても過言ではない。どんな仕事にも，それに特有の性格や難しさがあるだろう。教師の仕事もまた，興味の尽きない特徴的性格をもっている。とりわけ皆学制近代学校の教師たちは，たとえば以下のような特有の性格とその性格に張りついた独自の難しさを負っている。

① 人間にものを教えること自身が，神ならぬ身にはそもそも容易ではない。教える側がよくわかっていることでも，学ぶ側が身につけてくれる保証はない。

② 皆学制近代学校に集まる子どもたちは，学校の学習が好きだとか，それを求めているとはかぎらない，その子たちに習得へと集中してもらう必要がある。

③ 子どもたちが数十人集まる学習の場の「集団規律を確保する」ということがなければ授業が成り立たないので，規律確保の課題・工夫もそこに重なる。

④ 仕事の結果・成果を評価・確認する必要が常にあるのに，「成果」の確認はそんなにたやすくない。

⑤ 教師として「力量」があることを確認することが，他者の信頼を得るためにも，自分の職業的アイデンティティの保持のためにも必要であるのに，その「力量」保持と発揮とを明示・確認することが難しい。

皆学制近代学校の教師がかかえるこのような難しさは，いずれも教師たちの仕事の「やりがい」でもあるだろうが，「悩みの種」でもあるだろう。教師の仕事が元来もっている性格と難しさは，一方では「だからこそ，教師の教育力量向上が大切だ」ということにもなる。しかし他方では，こうした仕事の性格と難しさは，①〜⑤ともに「いろんな点をあらかじめ，あるいは事後に明確につかみ出すことが難しい」という「不確定性（uncertainties）」に根拠をおいている[4]。したがってまた，「教育力量」の内実やその「向上」の姿を明示することを同時に難しくしている。表面的には強力な「力量向上」言説も，その内実まで踏み込むと，意外にも実質を明示することが難しい。ある場合には教

師の仕事の領域ごとの必要事項を（それを達成する力量が何であるかを示さないままに）羅列することになったり，またある場合には空疎な美辞麗句が並んだものになったり，さらに力量より心構えばかりが強調されたりする面がある。

　教師という職業が，社会的に典型的な専門職とされる「医師」「法律家」「研究者」ほど，専門職として確立してこなかったのは，その仕事がその分だけ「容易」だからではないだろう。人を教えるというこの「至難の技」は，その難しさに上述のような不確定さがともなうので，その「専門性」の内実を自己にも他者にも明示し切れない面がある。仕事にともなう成果は歴史的・社会的に大きく見れば（学校を通じて子どもの多くが成長しているので）たしかに存在することは疑いない。また，教師個々人による成果の違いもあって「力量の高・低」がたしかにありそうだ。しかし「教育力量」とその「向上」がいったいなんであるのかを明示し切れないのである。

　以上のように，教師の「仕事柄」がもつ性格じしんは，その「力量向上」をめざす一連の「改革」（日本の場合は，「不適格教員の排除」，「優秀教員への表彰・優遇」，「教員人事考課」，「教員養成制度改革」，「現職教員研修の強化」，「教員免許10年更新制」，「教員育成指標の策定」など）といったものが，本当に「教育力量の向上」や「教師への信頼回復」につながる道筋を，（その「改革」への賛否にかかわらず）そもそも難しくしているのである。

5　「教育改革」の帰趨をめぐる社会学的考察

　以上 3, 4 で見てきたように，たとえば日本における「学校改革」，「教員制度改革」が実際に成果をあげているのかどうか，またそれを通じてゆらいでいた「学校・教師への信頼」は回復されているのか，その帰趨はどこでもあまり明確ではない。にもかかわらず，日本にかぎらず「教育改革」政策進行中の国々では，それらの「改革」施策は一定の社会的支持を集めている（だから，欧州の国で保守主義政党から社会民主主義的政党に政権交代した場合でも「改革」路線の基本が継承されている場合が多い）。日本も「一定の社会的支持を集める」という点で例外ではない。なぜそうなるのか。

それは「不信・不満」の根拠が，それまでの「教育専門職・専門機関を信頼して任している」構図が崩れたことにあるからだと考える。かつての信頼関係構成では，「教育専門家たちの職業倫理」とか「学校制度運営の公正さ」とかのように，対象の信頼に足る質の確保が「当のその対象任せ」になっていた。そのような信頼に足る性質が本当に確保されるのかどうかは，この「お任せ」構図では，それを求める側からはブラックボックスになって見えなくなっている。それに比べると今次「改革」路線の ③ で述べた①～⑧の学校改革方式や，④ で述べた一連の教員制度改革施策は，「信頼」対象について少なくとも公開性が高い。この「開かれている」という性格は現代の〈公共性〉にとって第１に求められる特質である（齋藤　2000）。そこにおける「学校・教師管理方式」や，「競争努力」，「応答性」，「評価とその規準」などが本当により適切なものになっているのかどうかの確実な保証があるのかどうかはわからない。しかしそれらが開かれて外から見え，それを情報とした専門機関へのアクセスを可能にしていることは，たしかに新しい有効な「信頼」確保方式の一側面であることは間違いない。そこには，教育専門家集団や教育専門機関に内向きに閉じられている方式との決定的な差があり，だからこそ今日の「学校・教師」改革動向は，従来の方式への非難・批判へのひとつの応答としての「改革」たりえて，一定の支持を得ているのだともいえるだろう。

　そこで，もし，こうした「学校・教師」改革方式がもたらしているものに重大な疑問を抱き，これをなんらかのかたちで批判・克服しようと考える者はおそらく，それをひとつのイデオロギーであるとして「新自由主義」と名づけて批判するだけでは不十分なことはもちろんだが，「改革」進行によってこれまでの「お任せ」構図で確保された「専門家の誇りや専心・努力」が低下することや，一律供給方式で確保された公平・公正が損なわれることを（理論的に，実証的に，あるいは実践的に）指摘するだけでもやはり不十分なのではないか。

　むしろ，そのような専門家の専心・努力と社会的公平・公正とが，外に開かれた（誰にも見えてアクセスできる）かたちで確保されることが可能な方式を編みだすことが求められている。つまり今日の「改革」状況のなかで，本当はそう

いう質の学校・教師のあり方を求めてやまない教師たち，公務労働者たち，子ども・父母・住民たちとともに協力し知恵を絞って「開かれたもう一つの新方式」を発明することがそれである。「教育改革時代の学校と教師」という課題論では，学校存在と教師たちとがいつまでも非難される対象であり，「改革」のターゲットの対象に止まるのか，それとも教育専門職業層と学校制度の利害当事者たちによって，上のような発明・編みだしがなされていくのかどうかが問われている。教師がその仕事柄と社会的位置ゆえに今日的なある役割を果たすことになるのかどうか，という教師層にとっての分かれ道もまた，そこに提示されている。

【久冨　善之】

注
（1）「地位指向家族」と「人格指向家族」は，英国の文化人類学者，M. ダグラスの言葉（ダグラス 1983）。家族内の地位（男女，年齢，出生順位などの組み合わせで構成されている）で，相互関係が決まっているような前者の家族から，時代とともに，その人間人格の交流を通して関係が形成される後者の家族への変化が説明されている。
（2）ウィッティー（2004）の世界的「改革」動向部分の記述から抽出し8項目に整理した。
（3）たとえば英国の「教育改革」についてのこうした評価と指摘との重なりの近年の動向は，雑誌『教育』2007年4月号特集「イギリスの教育改革をどうみるか」に掲載の論文と文献紹介とを参照。
（4）教師の仕事をめぐる「不確定性」は，『学校教師』という本の著者D.C. ローティーの言葉（Lortie 1975）。

引用文献
ウィッティー，G.（2004）『教育改革の社会学』堀尾他訳，東京大学出版会（原著 2002）
浦野東洋一（2003）『土佐の教育改革』学陽書房
勝田守一・中内敏夫（1964）『日本の学校』岩波新書
久冨善之編（2008）『教師の専門性とアイデンティティ』勁草書房
齋藤純一（2000）『公共性』岩波書店
ダグラス，M.（1983）『象徴としての身体』江河他訳，紀伊國屋書店（原著 1970）
中内敏夫（1995）「『愛の鞭』の心性史」中内・長島編『社会規範』藤原書店
Archer, M.S.（1982）Introduction: theorizing about the expansion of educational system, in Archer (ed.) *The Sociology of Educational Expansion*, Sage
Lortie, D.C.（1975）*Schoolteacher: A Sociological Study*, University of Chicago Press

考えてみよう

1. 「教育改革の時代」は，それまでの学校の何を批判し，どう改革しようとしているのだろうか？
2. 「教育改革の時代」に，日本的な特徴があるとすれば，それは何だろうか？

参考文献 (further readings)

G. ウィッティー『教育改革の社会学』堀尾他訳，東京大学出版会，2004年（原著 2002年）
英国を代表する教育社会学者の著作。英国に止まらず，世界の「教育改革」動向を実証的に把握し，それに関する主として英語圏での議論を整理して検討した書物。「新自由主義」に対する批判のスタンスも明瞭だが，それを批判する側のなかに忍び込んでいる時代遅れの立場にも批判的で，「教育改革時代」に，本当は何が求められているかを考えるうえでの絶好の書物である。

索　引

あ

アリエス，P.　　72,74,134
アルチュセール，L.　　166,175
荒れ　　58,59,70,71
移行　　110-112,114,115,117,118,121-125,127,144
イデオロギー　　81,153,166,175,180,194
意欲格差（インセンティブ・ディバイド）　　51,154-155
ウィッティ，G.　　56,89,160,180,195,196
ウィリス，P.　　150,162
ウォーラー，W.　　30,35,38-40,76,77
埋め込み（脱——）　　113,114,116,118,124,125,135

か

皆学制　　18,24-26,37,192
階級　　147-149,151,152,154-158,162
階層　　37,64,147-150,152,154-158,160,162,168,183
核家族　　128,129,131,136,138,142
格差　　145,148,149,151-155,157-159,183
　　教育——　　58,145,152-153
　　——社会　　145,148
学習指導要領　　46,48-52,173
学力　　41-43,47,48,50-53,155,157,158
　　——低下　　51,54,85,154,155,158
　　——テスト　　29,41,52-55,146,157,158
学歴　　27,48,68,114,121-123,132,151,183
かくれたカリキュラム　　30-34,39,68,69
学校改革　　38,39,184-186,193
学校制度　　8,11,24-27,29-39,42,76,78,103,104,136,149,180-187
学校選択　　185,187
学校知識　　26,28-31,38,42-45,47-50,52,53,55,56,77,86,157,158,183
学校づくり　　32,157,188
学校文化　　21,33,35,36,38,40,150,157,162
学校歴　　27,31
カリキュラム（→教育課程）
関心・意欲・態度　　49-50
官僚　　35,65,90,173,184,186
企業社会　　122,123,141,153,160,182-183

規制言説　　44,45,48,60
ギデンズ，A.　　99,101,106,109,137,164,166-167
機能（的）分化　　64,68,130
希薄化（友人関係の）　　94-97,107,108
規範　　27,29-31
キャラ　　93,94,98,99
キャリア教育　　111
教育，〈教育〉　　17-18,65,67,68,70,71,74,113,114,117,124,170-172
教育改革　　8,76,85,88,89,92,180-184,187-191,193,195,196
教育学　　9,11
教育可能性　　17
教育課程　　26-29,42,46,50,52,57,139,158,161,172-173
　　——行政　　49-51,53,56
教育機会　　36,52,118,149,182
教育計画　　119
教育荒廃　　182,183
教育実践　　35,46,53,54,88,117
教育社会学　　1,15,20-22,127,144,148,150
教育政策　　119,148,149,152,180,188,190
教育戦略　　128,132,136
教育爆発　　118,135
教育問題　　18,19,24,36,76,85,136
教員　　75,76,78-89,156,162,188
教員集団　　21,34,79,80,83
教員政策　　85,192
教員制度　　39,188-191,193,194
教員文化　　22,34,35,79-81,85,86,88,89,92,104
教員免許　　11
　　——更新制　　78,188,193
教員養成　　9,11,188,193
教科　　25-28,46,49,50,52,56,80,116,173
教科書　　172,174
教師　　15,21,26,27,30,31,33,34,39,45,46,51,53-56,65-67,69,75-89,92,186,188-195
教師教育　　15,188-190
教師集団　　→教員集団
教師-生徒関係　　21,30,35,46,59,61,63,65-67,69,70-72
教師像　　34,81-85
教授言説　　43-45,48,60

索引

教職　8,9,11,78,80,81,84,86-88,189,198
　——アイデンティティ　80,86-88
業績主義（原理）　25,26,31,38,45,147,149
競争　31,32,44,45,47-53,55,58,84,112-114,122,123,135,153,181,182,188
共同体　63,100,102-103,107,112,118,130,135,136,142,168,181,186
規律　25,30-32,45,53,77,79,119,192
近代　25,26,36,64-66,68,74,99,101,111-114,117,119,129,130,132,146-149,171
近代家族　123,128-134,136-139,141,142,144
近代学校　18,24-26,29,35-38,45,65,66,76,78,102-104,135,170-172,180,186,192
グローバリゼーション（グローバル化）　52,123,141,153,176,177
ゲルナー，E.　167-172,179
権威　30,44,45,67,77,83,84,169
言語コード　151
顕在的カリキュラム→表明されたカリキュラム
献身的教師像　81-85,87
限定コード　151,169
権力　31,46,129,131,132,166
効果のある学校　160
公共（性）　129,136,137,141,142,185,194
高校全入運動　120
校風文化　36
合理的教育学　152,157,160
国民　25,165-167,172,173
国民化　165,172-174,177,178
国民国家　18,25,131,132,164-167,170-172,174-177
個人化　137,139,141
個人主義　45,55,162
個人責任　18,19,89
国家　37,38,164-168,170,175
　——装置　166
　——統制　84,89,173
国歌　163,164,173,174,177
国旗　163,164,173,174,177
子ども中心主義　129,133
コミュニケーション　62,68-70,73,107,140,168-171
コミュニティ　89,139,140,142
コールマンレポート　149

さ

再生産　38,53,64,81,129,131,134,147,148,150-152,155-160,162

産業革命　18,24
産業社会　24,25,167-170,172
恣意（性）　37-39,43,54,150,157,162
ジェンダー　110,123,125,129,131,132
試験　27,44
自己社会化　62-64,67,69,70,140-142
自己責任　55,153
自己の再帰的プロジェクト　101,102,104,106
私事　136
資質・能力　43,49,52-53,55
システム（バーンスティン理論における）　115-119,121-124
システム（ルーマン理論における）　61-65,68-69,71-74,130,131,135,137
指導要録　46,48-50,55
市民革命　18,24
社会移動　134,137,148,149
社会化　62,64,68,69,140-142,171
社会学　15,20,22,147
社会性（教育の）　15,16,18,20
社会問題　19,20,136,182
主権　164,165
受験　18,42,50,51,145-148,153,157,181
純粋な関係性　101-102,104,106,107,109,137,138
消費文化　34
消費社会　139-142
職業　26,64,65,72,113-115,117,119,122,124,125,135,149,158,169
職業教育　119-121,123,124,126
人材配分　26,68,71
新自由主義　50,88,89,153,157,158,180,194,196
人的資本論　119
親密圏　137-139
親密性　99,101,102,104,105,107-109
信頼（教師・学校に対する）　21,56,83,84,135,181,184-188,190,192-194
生活困難層　162
成績　29,32,45,55,79,105,121,132,147,159
正統　26,30,31,38,39,43,48,50,55,67,70,72,104,151,166,170,171,180,183,184
生徒　27,30,34-36,39,63,66-71,104,105,150,156,171,183
　——文化　34-36,104,105
制度　28,33,38
制度的（な）リンケージ　121,122,124
制度文化　33-35,39
性別（役割）分業　123,129,131

索　引

精密コード　151,169
前近代　25,63,64,102,107
選択的コミットメント　97,98,105,106,108
選抜　67,68,71,72,113,114,117,121,122
選別　→選抜
専門職　76,78,89,90,92,193
　──性　8,89,92
専門性　8,9,11,80,83-85,87,89,92,120,121,190,193
相対的自律性　114-117
属性主義　25,26

た

大衆教育社会　160
秩序（学校制度／知識の）　28-32,34-38,42-45,50,53,55,60,68,122,123,181
TIMSS（国際数学・理科教育動向調査）　41
デュルケーム，E.　11,22,25
伝達－獲得　30,42,43,46,49,55,136
伝統社会　112,113,116,119
統合コード　49,50,52,53,55

な

中内敏夫　47,57,72,118,135
ナショナリズム　131,164,166,167,170,172,176,177-179
ナショナル・カリキュラム　172,173
二元化戦略　86,87
日本型大衆社会　152,153,155,158,160
ネイション　166,167,170,171,178,179
能力主義　112-114,119-123,125,162
　一元的──　120,121,123

は

排除　72,150,153,155-157,159
ハーグリーヴス，D. H.　39,76
ハビトゥス　150,151,155-157
バーンアウト　84,85,90
バーンスティン，B.　43-45,49,59-61,65,74,115-117,150-152,169
評価　26,27,29,31,32,42,43,46,48,49-57,67,68,113,114,117,187-189,192
標準（履歴等における）　132,135,138
平等　26,37,135,147-149,150,152,157,159
表明されたカリキュラム　30,32,33
貧困　20,48,147-149,152-154,159,160,162
　子どもの──　152,154,159

不確定性（教職の）　78,80,86,192,195
福祉国家　122,153,158,160,176
普通教育　25,28
不登校　19
不平等　26,38,53,150-153,157,160
フリースクール　142
フリーター　153
ブルデュー，P.　72,150-152,157,160,162
文化　16-18,33,81,136,166
文化資本　150,151,155
文化的再生産論　150-152,155-157,162
文化的剥奪論　149,151,152
分類　45,46,115-118,121,122,124
ペダゴジー　59-61,63-71,74
ペダゴジックな言説　60
偏差値　54,121,122,153
包括的コミットメント　97,102,104,107
補償教育　149,151,152
ホモサピエンス　16-18

ま

マンハイム，K.　32
明示的カリキュラム→表明されたカリキュラム
メリトクラシー　147,149
目標　27,48,55
モンスター・ペアレンツ　20,77
文部（科学）省　19,46,51,116,119,173,186

や

友人関係　93-108
ゆとり教育　49-52,54
要素的学力（知識）観　47,48,52,53,55
寄せ集めコード　45-53,55,56

ら

ライフコース　118,132,136,137
力量（教師の）　8,79,190-193
ルーマン，N.　61-65,67-69,72-74,130
レリバンス（意味関連性）　42,124,158
労働　25,42,44,47,52,84,110-113,115-117,119,120-124,135,153,168,172,181
労働市場　72,119,123,132,133,158

わ

若者文化　34
ワーキング・プア　110,123,148,154
枠づけ　45,46,49,102

シリーズ編集代表

三輪　定宣（みわ　さだのぶ）

第5巻編者

久冨　善之（くどみ　よしゆき）

　　1946年　福岡県生まれ
　　一橋大学名誉教授（教育社会学）
　　主要著書　『現代教育の社会過程分析』労働旬報社（単著）
　　　　　　　『競争の教育』旬報社（単著）
　　　　　　　『日本の教師，その12章－困難から希望への途を求めて』新日本出版社（単著）

長谷川　裕（はせがわ　ゆたか）

　　1961年　東京都生まれ
　　琉球大学教授（教育社会学）
　　主要著書　『格差社会における家族の生活・子育て・教育と新たな困難　低所得者集住地域の実態調査から』旬報社（編著）
　　　　　　　『教師の責任と教職倫理　経年調査にみる教員文化の変容』勁草書房（共編著）

［教師教育テキストシリーズ5］

教育社会学　第二版

2008年 5月10日　第1版第1刷発行
2019年 3月 1日　第2版第1刷発行
2025年 1月30日　第2版第3刷発行

　　　　　　　　　　　　　　　編　者　久冨　善之
　　　　　　　　　　　　　　　　　　　長谷川　裕

発行者　田中　千津子　　〒153-0064　東京都目黒区下目黒3-6-1
　　　　　　　　　　　　電話　03（3715）1501 代
発行所　株式会社 学文社　FAX 03（3715）2012
　　　　　　　　　　　　https://www.gakubunsha.com

©Y. KUDOMI/Y. HASEGAWA 2019　　　　　　印刷　新灯印刷
乱丁・落丁の場合は本社でお取替えします。
定価はカバーに表示。

ISBN 978-4-7620-2848-9

教師教育テキストシリーズ
〔全15巻〕

編集代表　三輪　定宣

第1巻	教育学概論 第二版	三輪　定宣 著
第2巻	教職論	岩田　康之・高野　和子 共編
第3巻	教育史	古沢　常雄・米田　俊彦 共編
第4巻	教育心理学	杉江　修治 編
第5巻	教育社会学 第二版	久冨　善之・長谷川　裕 共編
第6巻	社会教育	長澤　成次 編
第7巻	教育の法と制度	浪本　勝年 編
第8巻	学校経営	小島　弘道 編
第9巻	教育課程 第二版	山﨑　準二 編
第10巻	教育の方法・技術	岩川　直樹 編
第11巻	道徳教育 改訂版	井ノ口淳三 編
第12巻	特別活動	折出　健二 編
第13巻	生活指導 改訂版	折出　健二 編
第14巻	教育相談	広木　克行 編
第15巻	教育実習	高野　和子・岩田　康之 共編

各巻：A5判並製カバー／150〜200頁

編集方針
　① 教科書としての標準性・体系性・平易性・発展性などを考慮する。
　② 教職における教育学の魅力と重要性が理解できるようにする。
　③ 教職の責任・複雑・困難に応え，その専門職性の確立に寄与する。
　④ 教師教育研究，教育諸科学，教育実践の蓄積・成果を踏まえる。
　⑤ 教職にとっての必要性・有用性・実用性などを説明・具体化し，現場に生かされ，役立つものをめざす。
　⑥ 子どもの理解・権利保障，子どもとの関係づくりなどが深められるようにする。
　⑦ 教育実践・研究・改革への意欲，能力が高まるよう工夫する。
　⑧ 事例，トピック，問題などを随所に取り入れ，実践や事実への関心が高まるようにする。